한글 대역판 한시집

懷鄕詩鈔

■金容稷 著

푸른사상

책머리에

　이것은 내가 가져보는 세 번째 漢詩集이다. 본래 나는 날렵한 말솜씨나 감칠맛 나는 문장을 구사하는 재주를 갖지 못했다. 뿐만 아니라 노상 전공논문 쓰기에 급급한 나머지 다른 양식에 속하는 글들을 쓸 겨를도 없는 일상을 살아왔다. 그런 나로 하여금 어떻든 한 달에 한 번 꼴로 작품을 쓰도록 만들어 온 것이 漢詩 동호인 모임 蘭社다. 여기에 수록한 것들은 한 두 편의 예외를 제외하면 거의 모두가 그 자리에 제출하기 위해 만든 것들이다. 스물 몇 해를 거치는 세월 동안 하루같이 내 시 쓰기를 보살펴준 蘭社의 동인들에게 깊이 감사한다.

　시집 제목이 <懷鄕詩鈔>로 된 것에는 내 나름의 사연이 있다. 漢詩 쓰기를 배울 요량으로 내가 蘭社에 이름을 올릴 때까지 문자 그대로 나는 이 분야에 自不識丁이였다. 平仄이 놓일 자리나 韻字가 어떻게 쓰이는 가를 귀동냥 정도로 듣고 나는 이름만의 동인이 되었다. 그런 터수로 작품을 만들어 보려니까 자연 소재나 내용이 내가 자란 고향의 인정, 풍물 쪽으로 기울지 않을 수 없었다. 이번 시집 역시 그 예외가 되지는 못한 것 같다. 수록할 작품들을 다시 읽어보는 가운데 의외로 망향가투가 된 작품이 많은 것을 보고 내

자신도 적지 않게 놀랐다. 이 시집 이름에 懷鄕의 두 글자가 들어간 것은 그런 사정이 작용한 결과이다.

　여느 사람의 경우라면 고향이란 봄의 아지랑이나 여름 하늘에 걸린 무지개의 빛깔일 수 있을 것이다. 때로 내게도 그곳은 잠자리가 날던 마당귀, 소나기가 지나간 다음 골짜기를 가득 매운 듯 운 매미소리로 되살아난다. 또한 그곳은 한 번도 성공하지는 못했지만 토끼를 잡아보려고 치달린 겨울 산 속의 소나무 향기로 떠오르기도 한다. 그러나 그 보다 더 많은 부피로 나에게 고향은 가슴 깊은 곳에 파묻힌 悔恨의 정을 불러일으키는 山川이다.

　돌이켜 보면 그때 내 나이가 열 세 살이었다. 늦깎이었다고 해도 세상살이 東西南北을 아주 가늠하지 못할 나이가 아니었다. 한 해가 다 저물 무렵인 어느 겨울날 우리 아버지가 사랑채에 나타나셨다. 때는 일제 강점기의 막바지 무렵, 일제의 군부가 내린 전시 총동원체제에 따라 마을의 일꾼들은 모두가 징병이나 징용, 보국대로 끌려가고 없었다. 기승스러운 양곡수탈로 너나할 것 없이 아침저녁의 끼니가 걱정인 때였다.

그 무렵 아버지의 거주지는 우리 마을이 아니라 일제의 사찰계에 게출을 하고 허가를 받아야 이동이 가능한 지방의 중소 도시였다. 일찍부터 당신은 일제가 사갈시하는 사상범이며 반제투쟁의 전위로 사셨다. 거듭된 철창신세로 당신의 건강은 그 무렵에 이미 위험수위를 넘긴 터였다. 뒤에 들은 것이지만 그 즈음에 당신은 안동도립병원에서 절대안정을 취해야 할 일급환자로 분류되어 있었다. 그런 아버지가 일제의 요시찰자에게 뒤따라 다니는 거주지 제한의 조치법을 무릅쓰고 어느 날 한복에 두루마기 차림으로 우리 고향집을 찾아드신 것이다.

  지금도 나는 어렴풋이나마 그때 사랑채에서 난 아버지의 기침소리를 기억한다. 어머니가 서둘러 마련한 점심상도 별로 드신 것 같지가 않았다. 동구 밖 느티나무 위를 스치는 바람소리만이 유난히도 을씨년스럽던 우리 고향 겨울의 한나절이었다. 안채에서 어머니의 푸념 섞인 목소리가 흘러나온 것은 그때였다. <무슨 놈의 세상이 가을걷이가 어제였는데 뒤주가 바닥이고, 앞 뒷산이 코앞인데 아궁이에 들어갈 장작이 없노>. 당시 우리 어머니의 나이가 40대의 막바지, 당신은 꽃도 부끄러워 한다는 열여섯 방년으로 우리 집에 시집오셨다. 그러니 그날까지 서른 해 가까이를 당신은 온갖 풍상을 겪으면서 독립투사인 우리 아버지의 아내로 사신 것이다.

  오늘 나는 확신을 가지고 말할 수 있다. 우리 어머니는 그 무렵까지 우리 고장을 지배한 구도덕의 기준으로 보아도 규중의 거울이었고 婦德의 상징이었다. 그런 어머니가 평소 한 번도 입에 올린 적이 없는 살림 걱정을 그것도 사랑채에까지 들리는 목소리로 토로하셨다. 그 뒤를 이은 것이 나를 부르는 아버지의 목소리였고 그에 이어 당신이 찾으신 것은 뜻밖에도 낫과 도끼였다. 그와 함께 뒷산으로 발길을 옮기신 당신의 뒤를 내가 따랐다. 곁에서 보아도 참 서투르다고 생각된 우리 아버지의 땔감 채취가 그런 사연과 함께 이루어졌다.

  엄동설한의 겨울 산 땔감 채취가 있고 나서 3개월 남짓이 지난 다음 우리아버지는 다시 돌아오시지 못하는 먼 길을 떠나셨다. 내가 들은 바 당신의 직접적 死因이 폐결핵에 따른 기도폐색이라고 했던가. 초상을 치른 다음 어른들은 그것이 거듭된 일제의 구금, 투옥과 그에 따른 고문의 후유증이라고만 되뇌었다. 그러나 나는 다른 생각을 오래 가져왔다. 그리고 이제 그 한 부분을 말하지 않을 수 없다. 그날 어머니의 말과 함께 산에 올라 땔감을 장만할 사람은 아버지가 아닌 바로 나여야 했다. 칼날 같은 겨울바람을 쐬었기 때문에 아버지의 병세가 크게 악화되어 그것으로 당신의 수명이 재촉된 것이다.

별로 이렇다고 내세울 것이 없는 이 詩集을 내는 데도 나는 몇몇 사람의 신세를 지고 도움을 받았다. 1983년 늦가을 이후 내 漢詩와 정신생활의 따뜻한 아랫목 구실을 해온 蘭社 동인들에게 다시 감사한다. 지금 출판계는 계속되는 不況의 골짜기에서 헤어나지 못하고 있다. 이런 상황인데도 경영에 도움이 될 것 같지 않은 내 詩稿를 책으로 엮어주는 푸른사상사가 여간 고맙지 않다. 끝으로 오늘 우리 사회는 맑고 밝은 화제와 색조가 넘치기보다 어수선하고 어두운 그림자로 너무 많이 얼룩져 있다. 이런 시대를 사느라고 우리 주변의 소박하고 어진 많은 사람들이 상처를 입고 또한 고통 받는다. 이 한 시집과 관계없이 그들 다수의 선량한 시민들 머리 위에 푸른 하늘, 따뜻한 햇살이 함께하기를 빌고 바라는 마음과 함께 이 책을 낸다.

2008년 7월

김 용 직

目次

제1부 絶句

1. 望冠岳山 ———————— • 22
2. 映湖樓懷古 ———————— • 24
3. 李陸史全集編修後志感 ———————— • 26
4. 李陸史誕辰百週年記念音樂祭 ———————— • 28
5. 登臨清閣 ———————— • 30
6. 秋夜偶吟 ———————— • 32
7. 仁壽峰秋景 ———————— • 36
8. 甲申秋見菊花 ———————— • 38
9. 下溪里民族運動記念碑前志感 ———————— • 40
10. 拜輓鹿邨高柄翊總長 ———————— • 42
11. 乙酉元旦電視器中見白頭山 ———————— • 48
12. 嘆世態 ———————— • 50
13. 先考民族運動功勳追敍告由省墓 ———————— • 52
14. 謹賀碧史先生文存及漫錄刊行 ———————— • 56
15. 畏友柳東柱學兄所贈素心蘭開花 ———————— • 58
16. 登濯清亭 ———————— • 60
17. 初夏偶吟 ———————— • 64
18. 落星垈姜邯贊將軍騎馬像 ———————— • 66

懷鄉詩鈔

19. 杜甫草堂 ———————— • 68
20. 樂山凌雲寺大佛 ——————— • 70
21. 登峨嵋山 ———————— • 72
22. 成都武侯祠 ——————— • 74
23. 黃龍歸路 ———————— • 76
24. 贈杏坡李龍兒仁兄 ——————— • 78
25. 乙酉桐月歸鄉省墓 ——————— • 80
26. 南漢山城 ———————— • 82
27. 永嘉秋興 ———————— • 84
28. 乙酉秋過鳥嶺 ——————— • 86
29. 乙酉冬至夜 ——————— • 88
30. 東山柳寅植先生幽宅國立墓地移葬志感 ——————— • 90
31. 雨水里春景 ——————— • 92
32. 李秉珏先生詩碑除幕志感 ——————— • 94
33. 京都清水寺 ——————— • 96
34. 南澗精舍 ———————— • 98
35. 有懷堂途中 ——————— • 100
36. 閑居卽事 ———————— • 102
37. 丙戌光復節憶先親 ——————— • 104
38. 丙戌仲秋望月時菊花初發 ——————— • 106

9

目次

39. 登竹嶺望嶺南 — • 108
40. 鷄龍山東鶴寺 — • 110
41. 丁亥元朝吟 — • 112
42. 見雪景戱作 — • 116
43. 忌祭日憶家親 — • 118
44. 丁亥春登濯淸亭 — • 122
45. 赤山法華院 — • 124
46. 夏日驟雨 — • 126
47. 題家藏山水圖 — • 128
48. 龍門寺口號 — • 130
49. 憶芝軒 — • 132
50. 幸州山城秋景 — • 134
51. 秋日歸鄕 — • 136
52. 歲暮山寺 — • 138
53. 再登花石亭 — • 140
54. 佛谷山 — • 144
55. 日本九州由布溫泉二首 — • 146
56. 淸凉寺所見 — • 150
57. 偶吟 — • 154
58. 挽善丁金彩潤兄 — • 156

제1부 절구

1. 관악산을 바라보며 ——————— • 23
2. 영호루(映湖樓)에 올라 옛날을 생각하고 ——————— • 25
3. 이육사 전집을 편찬하고 나서 ——————— • 27
4. 이육사(李陸史) 탄신 백주년 기념 음악제 ——————— • 29
5. 임청각(臨淸閣)에 올라 ——————— • 31
6. 가을 밤에 생각나는 대로 읊다 ——————— • 33
7. 인수봉(仁壽峰)의 가을 경치 ——————— • 37
8. 갑신(甲申)년 가을 갓 피어난 국화꽃을 보고 ——————— • 39
9. 도산 하계리(下溪里) 민족운동 기념비 앞에서 ——————— • 41
10. 삼가 녹촌 고병익 총장 영전에 ——————— • 43
11. 을유(乙酉)년 첫날 TV에 비친 백두산을 보고 ——————— • 49
12. 세태를 탄식하며 ——————— • 51
13. 돌아가신 아버님께서 나라 위해 싸우신 공적이
    추서되어 그를 아뢰는 성묘(省墓)를 하고 나서 ——————— • 53
14. 삼가 벽사선생(碧史先生) 문집 출간을 경하드리며 —— • 57
15. 유동주형(柳東柱兄)이 보낸 소심란이 피었기에 ——————— • 59
16. 탁청정에 올라 ——————— • 61
17. 초여름에 우연히 읊다 ——————— • 65
18. 낙성대 강감찬(姜邯贊) 장군 기마상 ——————— • 67

目次

19. 두보(杜甫)초당에서 ————— • 69
20. 낙산 능운사(凌雲寺)의 대불에 부쳐 ————— • 71
21. 아미산(峨嵋山)에 올라 ————— • 73
22. 성도(成都)의 제갈량 사당에서 ————— • 75
23. 황룡산을 떠나면서 ————— • 77
24. 행파 이용태(杏坡李龍兌) 형에게 ————— • 79
25. 을유년 7월달 고향에서 성묘를 하고 ————— • 81
26. 남한산성 ————— • 83
27. 안동에서 가을을 맞아 ————— • 85
28. 을유년 가을 새재를 지나면서 ————— • 87
29. 을유년 동짓날 밤 ————— • 89
30. 동산 유인식 선생 묘소가 국립묘지에 이장된 것을 뜻 깊게 생각하며 • 91
31. 양수리의 봄 경치 ————— • 93
32. 이병각 선생 시비를 제막하고 나서 ————— • 95
33. 일본 경도의 청수사(清水寺)에서 ————— • 97
34. 남간정사(南澗精舍) ————— • 99
35. 유회당(有懷堂) 가는 길에 ————— • 101
36. 한가한 틈을 타서 ————— • 103
37. 병술년 광복절 아버님을 생각하며 ————— • 105
38. 병술년 대보름날 국화가 새로 피었을 제 ————— • 107

懷鄉詩鈔

39. 죽령에 올라 영남 땅을 바라보면서 ——— • 109
40. 계룡산 동학사 ——— • 111
41. 정해년 새아침에 읊다 ——— • 113
42. 눈이 내린 경치를 보고 작란 삼아 짓다 ——— • 117
43. 제삿날 아버님을 그리며 ——— • 119
44. 정해년 봄 탁청정에 올라 ——— • 123
45. 적산 법화원(赤山法華院) ——— • 125
46. 여름날 소나기 ——— • 127
47. 집에 갈무리한 산수도에 부쳐 ——— • 129
48. 용문사를 두고 읊다 ——— • 131
49. 지헌(芝軒) 김호길을 생각하고 ——— • 133
50. 행주산성의 가을에 부쳐 ——— • 135
51. 가을날 고향에 돌아와서 ——— • 137
52. 한 해가 저무는 때 산사(山寺)에서 ——— • 139
53. 다시 한 번 화석정에 올라 ——— • 141
54. 불곡산(佛谷山) ——— • 145
55. 일본 구주(九州) 유후(由布) 온천 두 마리 ——— • 147
56. 청량사를 돌아보다 ——— • 151
57. 우음(偶吟) ——— • 155
58. 만선정 김해윤 형(挽善丁金彩潤兄) ——— • 157

目次

제2부 律詩

1. 天燈山秋興 ——————— • 162
2. 甲申夏佛國清遊 ——————— • 164
3. 李陸史銅像除幕式志感 ——————— • 166
4. 水鍾寺處暑 ——————— • 168
5. 古山子金正浩 ——————— • 170
6. 訪坡州栗谷先生墓 ——————— • 172
7. 芝軒十週忌墓前寫哀 ——————— • 174
8. 君子里隆冬懷古 ——————— • 176
9. 先考六十周忌志感 ——————— • 178
10. 聞日本獨島領有權主張不禁忿怒 ——————— • 180
11. 黃沙日記 ——————— • 183
12. 電視器上見洛山寺被火燒失 ——————— • 185
13. 丙子殉國吳達濟學士墓前志感 ——————— • 188
14. 成都懷古 ——————— • 190
15. 九寨溝遊覽 ——————— • 192
16. 宣城秋興 ——————— • 194
17. 乙酉秋訪陶山望遠村舊趾 ——————— • 196
18. 先考抗日獨立運動紀績碑除幕 ——————— • 198

懷鄉詩鈔

19. 雲吉山水鍾寺 —————— • 200
20. 乙酉除夕 —————— • 202
21. 驪州神勒寺 —————— • 204
22. 過中原平野 —————— • 206
23. 憶槿田金在鳳先生 —————— • 208
24. 丙戌流夏登映湖樓 —————— • 210
25. 踰大關嶺向東海途中 —————— • 212
26. 近始齋先祖義兵大將紀績碑落成 —————— • 214
27. 丙戌晚秋訪注谷芝薰故宅 —————— • 216
28. 電視器中見黃眞伊獨舞 —————— • 218
29. 休戰線 —————— • 220
30. 君子里懷古 —————— • 222
31. 城南迎春 —————— • 224
32. 先祖濯清先生墓碑改竪後題一首 —————— • 226
33. 劉公島 —————— • 228
34. 洛東江 —————— • 230
35. 易東先生遺墟碑 —————— • 232
36. 鳥嶺主屹關 —————— • 234
37. 永嘉秋興 —————— • 236

目次

38. 月明師祭亡妹歌 —————— • 238
39. 梅月堂金時習 —————— • 241
40. 新年頌 —————— • 243
41. 讀金山傳記 —————— • 245
42. 踰竹嶺 —————— • 248
43. 博多湾 春懷 —————— • 251
44. 登映湖樓 —————— • 253
45. 三角山 —————— • 255
46. 萬海韓龍雲禪師 —————— • 257

懷鄉詩鈔

제2부 율시

1. 천등산(天登山)의 가을 ——————— • 163
2. 2004년 여름 프랑스를 여행하고 나서 ——————— • 165
3. 이육사 선생(李陸史先生) 동상을 제막할새 느낌을 적다 — • 167
4. 처서(處暑)날 수종사(水鍾寺)에서 ——————— • 169
5. 고산자 김정호(古山子 金正浩) ——————— • 171
6. 파주땅 율곡 선생(栗谷先生) 묘소를 찾아서 ——————— • 173
7. 지헌(芝軒)의 10주기에 무덤 앞에서 슬픔을 적다 ——— • 175
8. 군자리(君子里)의 한겨울 ——————— • 177
9. 아버님 가신지 60주년이 되는 해 제삿날에 ——————— • 179
10. 일본(日本)이 독도영유권(獨島領有權)을 주장하기에
    분노를 이기지 못하여 ——————— • 181
11. 황사가 내리는 날 적다 ——————— • 184
12. TV에서 낙산사가 불타오르는 것을 보고 ——————— • 186
13. 병자년 숙극한 오달제(吳達濟) 학사의 묘 앞에서 ——— • 189
14. 성도에서 옛 일을 그리며 ——————— • 191
15. 구채구(九寨溝)를 돌아보고 ——————— • 193
16. 선성(宣城)의 가을 ——————— • 195

17

目次

17. 을유년 가을 도산을 방문하여 원촌(遠村)의
    옛자리를 바라보며 —————————— • 197
18. 아버님 항일독립운동 기적비를 제막하고 나서 ——— • 199
19. 운길산 수종사 ————————— • 201
20. 을유년 그믐날 밤에 ——————— • 203
21. 여주 신륵사 ———————— • 205
22. 충주평야를 지나며 ——————— • 207
23. 근전 김재봉 선생을 그리며 ———————— • 209
24. 병술년(2006년) 유하절(流夏節) 영호루에 올라 ——— • 211
25. 대관령을 넘어 동해로 가는 길에 —————— • 213
26. 근시재 선조의 의병대장 기적비 낙성 —————— • 215
27. 병술년(2006년) 늦가을 주실마을의
    지훈고택(芝薰故宅)을 찾아서 —————— • 217
28. TV에서 황진이의 춤추는 모습을 보고 ——————— • 219
29. 휴전선(休戰線) ——————— • 221
30. 군자리에서 옛일을 그리며 ——————— • 223
31. 성남(城南)의 봄을 맞으며 ——————— • 225
32. 탁청정 할아버님 묘비를 개수하고 ——————— • 227
33. 유공도(劉公島) ——————— • 229
34. 낙동강 ——————— • 231

懷鄕詩鈔

35. 역동 선생 유허비 ———————— • 233
36. 조령 주흘관(鳥嶺 主屹關) ——————— • 235
37. 안동에서 가을을 맞아 ——————— • 237
38. 월명사 제망매가(月明師 祭亡妹歌) ——————— • 239
39. 매월당 김시습 ——————— • 242
40. 새해를 맞이하여 ——————— • 244
41. 금산전기(金山傳記)를 읽고 나서 ——————— • 246
42. 죽령(竹嶺)을 넘으면서 ——————— • 249
43. 박다만(博多灣)에서 봄을 생각하며 ——————— • 252
44. 영호루에 올라서 ——————— • 254
45. 삼각산(三角山) ——————— • 256
46. 만해 한용운 선사(萬海 韓龍雲禪師) ——————— • 258

■ 부록

金南洙선생 기념비 관계 자료
抗日愛國志士 雨田金南洙先生 記績碑 ——————— • 259
항일애국지사 金南洙 선생의 발자취 ——————— • 262
先親의 기적비 제막에 즈음하여 드리는 말씀 ——————— • 286

■ 찾아보기 ——————— • 293

제1부

絕句

 ## 望冠岳山

嶺上白雲行
不知其路程
萬相元自在
天地長太平

이 작품은 절구라고 하기에는 평측이 제대로 되어 있지 않다. 그럼에도 이 부분의 머리에 놓은 것은 편집상의 편의에 의한 것이다.

관악산을 바라보며

뫼 위에 흰 구름 흐르나
누구라 가는 곳 알리야
만상(萬相)은 원래가 제 스스로인 것
길이 고즈넉한 하늘과 땅

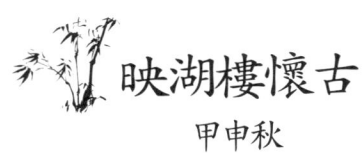
映湖樓懷古
甲申秋

一閣憑空鼯鼪驚
麗王遺筆哀情生
杳然往事聞無處
清洛晝宵樓下鳴

憑(빙) : 기댈 빙, 의거하다, 붙다, 차다, 건너다.
鼯(오) : 날다람쥐 오.
鼪(생) : 족제비 생.
杳(묘) : 멀 묘, 어둡다, 깊숙하다, 조용하다.

영호루(映湖樓)에 올라 옛날을 생각하고
갑신년 가을

다락집 높고 높아 다람쥐도 놀라는데
고려 임금 끼친 글씨 애달픈 정 뒤따른다
아득한 옛적 일들 물어도 알 길 없고
낙동강은 밤낮 없이 다락 아래 울고 간다

영호루(映湖樓) : 경상북도 안동부의 남쪽에 있는 부속 누정. 고려 중기에 건립된 것으로 전해오며 진주의 촉석루, 밀양의 영남루와 함께 영남의 삼대 명루이다. 안동부 남쪽 낙동강 기슭의 벼랑 위에 서 있으며 현판은 고려 공민왕이 썼다. 사방 벽상에 김방경, 정몽주, 우탁, 권근, 이황 등 명류 석학의 시판이 걸려 있고 다락에 오르면 인근 풍경이 한눈에 들어온다.
여왕(麗王) : 고려 말년의 공민왕. 홍건적의 난 때 안동으로 피난 와서 영호루와 안동웅부(安東雄府)의 현판을 썼는데 지금도 전한다.
청낙(淸洛) : 낙동강. 맑은 흐름을 이루며 흐르는 강의 뜻.

 李陸史全集編修後志感

魂在雞林志首陽
詩心直截又淸凉
宏圖未遂身先死
一帙辭華淚萬行

截(절) : 끊을 절, 여기서는 말을 잘 하는 모양.
宏(굉) : 클 굉, 두루, 머금다의 뜻도 가짐.
帙(질) : 책갑 질, 여러 권으로 된 책의 한 벌.

이육사 전집을 편찬하고 나서

외곬으로 나라 지켜 굳은 뜻 꺾이지 않았다
시를 쓰되 올곧은 마음, 맑은 가락을 빚어냈지
조국광복 못 보신 채 목숨이 다해버렸다
꽃다운 노랫말 한 권, 눈물은 백 천 줄기

이육사(1904~1944) : 경북 안동 도산 출신으로 일찍 의열단에 가입, 민족해방 투쟁에 정신했고 1935년도부터 시를 썼다. 대표작 「청포도」, 「절정」, 「광야」, 8·15 후 유작집 『육사시집(陸史詩集)』이 출간되었고 그 후 항일저항시인으로 한국 현대시사에서 한 자리를 차지하게 되었다. 2004년 그의 탄신 100주년을 당하여 육사기념관이 서고 시비와 기념행사가 있었다. 나는 이때에 안동대학 손병희 교수의 도움을 받아 『이육사전집(李陸史全集)』을 편찬, 발간하였다. 이 시 한 편은 그 편수를 마치고 쓴 것이다.
계림(雞林) : 우리나라의 별호 가운데 하나. 신라의 왕궁터에 있는 숲으로 제3대왕 김알지가 이곳에서 탄생한 데 유래한다.
수양(首陽) : 수양산. 중국에 있는 산. 백이숙제가 고사리를 뜯어 먹다가 죽은 곳으로 절개의 상징.
사화(辭華) : 사화집. 좋은 글을 가려서 모은 책. 사화는 사조(詞藻)와 같은 말로 시가나 문장을 가리키며 또는 시문의 문채, 수사를 뜻하기도 한다.

 # 李陸史誕辰百週年記念音樂祭
甲申七月三十日於安東洛東江東畔

隱月流螢夜二更
洋洋風樂半空晴
初疑洛水添波白
瞻望西方銀漢淸

隱(은) : 숨길 은, 기댈 은.
螢(형) : 반디 형, 개똥벌레 형.
添(첨) : 더할 첨, 안주를 가리키기도 한다.
瞻(첨) : 볼 첨, 쳐다보다, 우러러보다.

이육사(李陸史) 탄신 백주년 기념 음악제
2004년 7월 30일 안동의 낙동강 동쪽 기슭에서

반디나는 칠월달 밤, 밤은 깊어 두섶인데
유량한 노랫가락 하늘도 활짝 갰다
낙동강 푸른 물결 은빛으로 출렁이고
바라본 서쪽 하늘 은하수가 맑디맑다

은월(隱月) : 음력 6월을 가리킨다. 이밖에도 이달은 유하(流夏), 계월(季月), 형월(螢月), 유두절 등으로 쓰인다.
양양(洋洋) : 광대하고 성대한 모양. 여기서는 노랫가락이 큰 물결처럼 울려 퍼지는 비유로 쓰임.
낙수(洛水) : 여기서는 낙동강. 중국 낙양 가까이를 흐르는 황하의 지류. 중국 고대 문명의 발상지.
은한(銀漢) : 은하수.

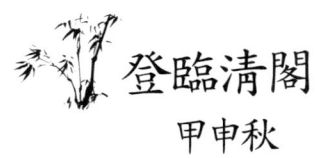 登臨淸閣
　　甲申秋

日出雲收淸洛頭
聳空一閣已凉秋
緬懷壁上先人跡
軒外長江不盡流

　　　先人跡指稱 上海臨時政府國務領
　　　石洲李相龍先生所作詩

聳(용) : 솟을 용, 두려워하다, 삼가다, 공경하다.
緬(면) : 가는실 면, 멀다, 생각하는 모양, 나라 이름 면전(緬甸), 지금의 미얀마.

임청각(臨淸閣)에 올라
갑신년 가을

해뜨자 맑은 하늘 낙동강 푸른 머리
하늘 위로 솟은 다락 서늘 바람 부는 가을
그립구나 벽 위에 님이 끼치신 시(詩)
추녀 밖에 긴 가람은 흘러 흐른다

　　　　선인의 자취란 상해임시정부 국무령
　　　　석주(石洲) 이상룡(李相龍) 선생이 지은 시를 가리킨다.

임청각(臨淸閣) : 안동부 서쪽 낙동강 가에 서 있는 고성이씨의 종택 부속 정자. 현판 글씨는 퇴계의 것이며 그 벽상에 상해임시정부의 국무령을 지낸 석주 이상룡(石洲 李相龍) 선생의 거국시(去國詩)가 걸려 있다.
청락(淸洛) : 낙동강의 별칭.
면회(緬懷) : 옛날을 그리워 함. 옛적을 생각하는 것. 회면(懷緬)이라고도 쓴다.

 秋夜偶吟

一.

中宵悲白頭
聞雁感凉秋
自恨知音少
天邊星火流

偶(우): 짝 우, 뜻하지 아니하게, 우연히, 우음(偶吟)은 우연히 생각이 나서 읊다의 뜻이다.
宵(소): 밤 소, 작다.

가을 밤에 생각나는 대로 읊다

一.

한밤중에 바라본다 슬픈 흰 머리
기럭소리 듣는 오늘 선들한 가을
아쉬워라 온 세상 아는 이 적고
하늘가에 별똥별 저리 흐른다

중소(中宵) : 한밤중. 자정 무렵.
백두(白頭) : 흰 머리. 노인을 가리킴.
지음(知音) : 말을 다하지 않아도 서로 마음을 헤아릴 줄 알 정도로 절친한 친구.
　　종자기(鍾子期)는 백아(伯牙)의 거문고 타는 소리만을 듣고도 그 악상(樂想)
　　을 다 알아맞히었다. 그가 죽자 백아가 그의 거문고 줄을 끊어버렸다는 고
　　사에서 옴.
성화(星火) : 별이 떨어지며 흐를 때 생기는 빛.

二.

短文用口頭
窮居困春秋
兄友皆分散
情懷萬里流

窮(궁) : 다할 궁, 궁할 궁, 궁구하다, 끝, 어려운 사람, 불행.
懷(회) : 품을 회, 품, 마음, 길들이다, 싸다, 이르다, 오다, 보내다.

二.

글이 짧아 말로써 뜻을 표하고
봄가을 없이 살아 구차한 살림
어디갔나 그리운 형과 누님들
품은 정은 흘러흘러 만리를 간다

구두(口頭) : 입으로 말하는 것. 여기서는 글이 능하지 못하여 말로 생각을 옮길 수 있을 뿐이라는 뜻으로 씀.
개분산(皆分散) : 모두가 떠나가고 없어짐.
궁거(窮居) : 궁(窮)은 궁벽하다의 뜻. 본래는 궁벽한 곳에서 산다는 뜻이나 여기서는 매우 구차한 살림을 가리킨다.

 仁壽峰秋景

矗石奇峰自作屛
千秋不動接天星
黃花初發群鴻歸
無限長空一色靑

矗(촉) : 우거질 촉, 우거지다, 가지런하다, 곧다, 높이 솟은 모양, 가파르게 높이 솟
아 오른 바위를 가리킴.
屛(병) : 병풍 병, 두려워할 병, 숨다, 지키다, 감추다, 죽이다, 숨을 죽이다. 병기사
불식자(屛氣似不息者) : 기운을 죽이기를 마치 숨을 쉬지 않는 자와 같이 하다
(『논어』).
鴻(홍) : 기러기 홍・군홍(群鴻)은 무리를 지은 많은 기러기.

인수봉(仁壽峰)의 가을 경치

깎아지른 돌묏부리 병풍을 이루었고
긴긴 세월 움찍 않고 별자리를 겨냥이다
갓 피어난 국화꽃에 기러기 떼 돌아온 날
가이없이 펼친 하늘 한빛으로 짙푸르다

인수봉(仁壽峰) : 북한산 백운대 옆에 있는 높은 바위산. 표고 803m로 삼각산, 도봉
산(道峰山)을 아울러 삼각산(三角山)이라고 한다.
자작병(自作屛) : 제 스스로 병풍을 이루고 있다.
황화(黃花) : 국화. 빛깔에 관계없이 가을 국화를 통칭한다.

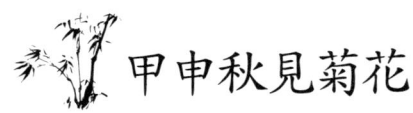 甲申秋見菊花

秋晩黃花最哀憐
含霜佳色木籬前
陶翁去後誰能採
手把淸芳向碧天

憐(련) : 불쌍히 여길 련, 가엾게 생각하다.
籬(리) : 울타리 리.
翁(옹) : 늙은이 옹, 아버지 옹, 목 털, 창백한 모양.
採(채) : 캘 채, 따다, 나무꾼.
把(파) : 잡을 파, 줌, 자루, 길이의 단위, 갈퀴.
芳(방) : 꽃다울 방, 향기, 현자(賢者), 아름다움의 비유.

갑신(甲申)년 가을 갓 피어난 국화꽃을 보고

가을 깊어 국화 피니 그 모양이 가련하다
서리 이긴 고운 모습 나무 울에 기댔구나
도연명(陶淵明)이 가셨으니 누가 너를 반겨할까
잡은 손에 맑은 향기 푸른 하늘 겨냥한다

함상가색(含霜佳色) : 서리를 머금은 가운데 고운 빛을 내다. 가을에 핀 국화를 가
  리키는 관용구의 하나. 화제로 쓰임.
도옹(陶翁) : 도연명(365~427). 陶潛(도잠). 동진(東晋)사람으로 41세에 팽택(彭澤) 현
  령을 했으나 윗사람의 전횡을 견디지 못하고 80일 만에 벼슬을 그만두고 귀
  향하면서 귀거래사(歸去來辭)를 지었다. 집 앞에 버드나무를 심고 전원생활에
  들어가 오류(五柳)선생이란 별칭을 얻었으며, 술을 좋아하고 국화를 사랑했다.
  오언고시(五言古詩) 「음주(飮酒)」에 "採菊東籬下 悠然見南山(채국동리하 유연
  견남산)"(동쪽 울타리에서 국화꽃을 따고, 유연하게 남선을 바라보다)라고 있
  다.

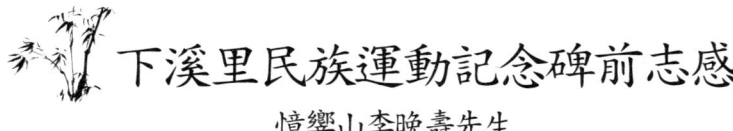
下溪里民族運動記念碑前志感
憶響山李晚燾先生

殉義捐身一世驚
新碑六尺感懷生
我來回想先人事
落月陶山蟋蟀鳴

憶(억) : 생각할 억, 생각, 우울해지다.
響(향) : 울림 향, 명성, 대답, 소식, 소리.
燾(도) : 비출 도, 덮다.
捐(연) : 버릴 연, 없애다, 주다, 수레바퀴 테.
蟋蟀(실솔) : 귀뚜라미.

도산 하계리(下溪里) 민족운동 기념비 앞에서
향산 이만도(李晩燾) 선생을 그리며

목숨 끊어 의(義)에 사니 왼 세상이 놀라했다
여섯 자 비석(碑石) 앞에 가슴 가득 회포이네
여기 서서 그려본다 가신 님 끼친 자취
시월 상달 도산(陶山) 땅에 실솔이 울음 운다

하계리(下溪里) : 안동군 도산면 진성이씨 집성촌.
이만도(李晩燾)(1842~1910) : 조선왕조 고종 때의 선비. 고종 3년 문과에 급제. 성균관 교리, 응교, 사간을 거쳤다. 을사조약을 당하자 매국 5적 탄핵소를 올렸으며 1910년 국치에 임하여 식음을 폐하고 통분해 하다가 순국하셨다. 1962년 건국훈장 단장이 추서되고 2004년 고향 하계마을 앞에 기적비가 섰다.
연신(捐身) : 몸을 돌보지 않고 의를 위해 산 것을 가리킴. 사신(捨身), 정신(挺身)과 같은 뜻.
낙월(落月) : 음력으로 9월. 나뭇잎이 떨어지는 달.

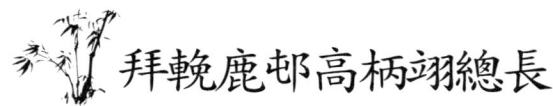

拜輓鹿邨高柄翊總長

一.

承誨長年若夢過
山頹不日訃音何
薤歌一曲泉坮遠
忽隔幽明痛恨多

誨(회) : 가르칠 회, 가르침.
頹(퇴) : 무너질 퇴, 쇠하다, 턱, 아래턱.
薤(해) : 염교 해(백합과에 속하는 다년생 풀).

삼가 녹촌 고병익 총장 영전에

一.

뒤따르기 몇 해였나 꿈결인양 지난 세월
불시의 타계 소식 이 무슨 변괴입니까?
상도노래 한 자락에 천대(泉坮)는 아득하고
갈라진 이승저승 통한이 넘칩니다.

고병익(1923~2004) : 경상도 문경 출생. 휘문중학, 동경제대 사학과를 거쳐 서울대학교 문리과대학 사학과 졸업. 서울대학교 문리과대학 교수. 인문대학 학장. 서울대학교 총장. 한국정신문화연구원장. 대한민국 학술원 회원. 민족문화추진회 이사장 역임. 저서 『東亞交涉史의 硏究』(1970), 『東아시아文化史論考』(1998).
산퇴(山頹) : 산퇴목괴(木壞)의 준말. 태산이 무너지고 대들보가 부러짐. 공자가 죽었을 때의 말. 뜻이 바뀌어 스승의 죽음을 가리킨다.
해가(薤歌) : 호리(蒿里)와 더불어 한나라 때의 만가. 인생이 염교 잎에 맺힌 이슬과 같이 덧없음을 노래한 것. 상두군이 부른 노래. 만가(輓歌)와 같은 뜻.
천대(泉坮) : 노(魯)나라의 장공(莊公)이 쌓은 대의 이름이나 뜻이 바뀌어 무덤 또는 저승을 가리키게 되었다.

二.

教學生平持敬過
不群論著意如何
從遊蘭社那能忘
歷歷遺眞感慨多

著(저) : 분명할 저, 붙일 착. 두다. 여기서는 저작, 곧 지은 글이나 책을 가리킨다.
眞(진) : 참될 진. 여기서는 사진(寫眞)의 뜻으로 인물의 그림이나 영상을 말한다.
　　유진은 남진 사진의 뜻.

二.

일깨우고 갈고 닦아 공경으로 사시었고
빼어난 말과 글들 보람에 넘치셨다
모시고 노닌 난사(蘭社) 차마 어이 잊을 줄이
역력한 모습일래 그리움이 더 합니다

종유(從遊) : 학력이 높은 사람을 따라 그에게서 배움.
난사(蘭社) : 1983년 10월 창립된 한시 동호인 모임. 매달 한시 합평회를 가지며
　　『난사시집(蘭社詩集)』 1권(1999)과 2권(2004)을 출간하였다. 2008년 7월로 동인
　　회가 200회에 이른다.
나능망(那能忘) : 나(那)는 부사로 쓰이면 어찌, 어떻게의 뜻이 된다. 어찌 잊겠는가.
역력(歷歷) : 자취나 낌새가 매우 뚜렷한 것.

三.

喚鶴乘雲渺渺過
千呼其奈不歸何
遲遲丹旐空山路
瞻望西天夕照多

喚(환) : 부를 환, 외치다. 환규(喚叫) : 부르짖음, 소리 높여 부름. 환성(喚醒) : 잠자는 사람을 깨움.
渺(묘) : 아득할 묘.
奈(내) : 어찌 내, 명사일 때는 나, 나락(奈落) 나.
遲(지) : 늦을 지, 지각(遲刻).
旐(조) : 조기 조, 운구 때 앞세우는 기.

三.

학을 타고 구름 속을 가뭇없이 떠나시니
불러 백천 번에 돌아올 줄 모르시네
허위허위 명정 가는 산길은 쓸쓸한데
바라보는 서녘하늘 노을만이 불탑니다

묘묘(渺渺) : 멀고 아득한 모양. 묘연(渺然)과 같음.
지지(遲遲) : 느릿느릿한 모양.
단조(丹旐) : 운구 할 때 앞세우는 기. 흔히 붉은 빛깔 바탕에 글씨를 쓴 것이어서 이렇게 말한다.

乙酉元旦電視器中見白頭山

雪白靈峰聳太虛
天孫熊虎壓狼狐
元朝惟祈平和運
北卒南兵俱免屠

熊虎(웅호) : 熊 : 호랑이 웅, 虎 : 범 호, 호랑이와 범.
壓(압) : 누를 압, 무너뜨리다, 막다, 평정하다, 항복받다, 좁혀지다, 죽이다, 합치다.
狼(랑) : 이리 랑, 승냥이, 어지러워지다, 거칠다.
屠(도) : 잡을 도, 무찌르다, 가르다, 백장, 앓다, 지명, 성.

을유(乙酉)년 첫날 TV에 비친 백두산을 보고

눈 덮인 영험한 산, 빈 하늘에 솟아 있다
한배검 우리 겨레 허잡패를 물리치리
새해 새날 비는 것은 내 나라의 평화, 통일
북녘 백성 남녘 사람 제여금 행복하라

전시기(電視器) : 중국에서 TV를 말함.
태허(太虛) : 하늘, 우주의 대원기.
천손웅호(天孫熊虎) : 전설속의 우리 민족을 상징하는 하늘에서 내려온 사람들과
　　곰, 호랑이 토템족.

 嘆世態

爲政無他禦亂離
何由時局轉傾危
今年且得新機運
萬戶千門舞酒旗

嘆(탄) : 탄식할 탄, 탄(歎)과 같은 뜻, 한숨 쉬다.
禦(어) : 막을 어, 막다, 방비, 제사지내다.
轉(전) : 구를 전, 돌릴 전, 부사로 쓰일 때는 도리어, 반대로의 뜻과 함께 자못, 한
　　　결, 더욱더의 의미로도 쓰인다.

세태를 탄식하며

정치란 무엇인가 혼란을 막는 것을
어이해 이 시국은 뒤집힐 듯 위태한가
올해는 우리 모두 새 기운을 얻어내어
내집 네집 오만사람 기쁨에 춤추기를

위정(爲政) : 정치를 한다는 것은, 정치라는 것은.
무타(無他) : 다름이 아니라, 바로 이런 것이다로 강조하는 말법.
하유(何由) : 무엇에 말미암아, 어떻게 되어서.
무주기(舞酒旗) : 피상적으로 술집을 표시하는 깃발이 휘날리는 것이 아니라 축제
　　분위기가 되는 것을 가리킨다.

 **先考民族運動功勳追敍告由省墓**

一.

歲序駸駸不少留
先靈長在故山遊
撑天義烈那能忘
瞻仰淸凉片月鉤

駸(침) : 말달릴 침, 말이 모이는 모양 참.
撑(탱) : 버틸 탱, 배를 저어 나아가다.
鉤(구) : 갈구랑이 구, 사닥다리, 낫, 창 걸음쇠.

돌아가신 아버님께서 나라 위해 싸우신 공적이
추서되어 그를 아뢰는 성묘(省墓)를 하고 나서

一.

파발같은 세월일레 덧없이도 흘렀구나
생시의 얼 이대도록 옛 동산에 노니시네
하늘 찌른 매운 기개 그리워 하 그리워
바라보는 청량산(淸凉山)에 쪼각달이 걸려 있다

선고(先考) : 돌아가신 아버지 김남수(金南洙) 선생(1899.2-1845.1). 경북 안동군 예안 면 오천동 탁청정에서 태어나셨다. 노동운동, 신간회, 백정해방운동, 언론활동에 관계하면서 민족해방투쟁에 정신, 일제에 의해 전후 10여 회 구금, 투옥되셨다. 2000년 유족들이 『김남수 선생(金南洙先生) 자료집』을 출간하였다. 2005년 3월 1일 독립운동의 공이 인정되어 건국공로훈장(애족장)이 추서되고 그 해 가을 향리인 예안 군자리에 항일애국지사 김남수 선생 기적비(抗日愛國志士 金南洙先生 紀績碑)를 세웠다. 이 작품은 그때 묘전 배례를 드리고 나서 쓴 것이다.
침침(駸駸) : 말이 빠르게 달리는 모양.
청량(淸凉) : 청량산. 이 책 율시부 「선성추흥(宣城秋興)」 주석란 참조.

二.

單就告由恨尚留
新梅崗上白雲留
誰云太史知忠肝
日月粗磨石儀頭

單(단) : 홀 단, 오직, 다하다, 모두.
肝(간) : 간 간, 충성.
粗(조) : 거칠 조, 모다, 조금, 대략.
磨(마) : 갈 마, 연자방아 마, 문지르다.

二.

홀로서 드리는 잔 새삼 솟는 슬픔인데
매화철 언덕 위에 흰 구름도 멈춰 서네
누구라 역사책이 충신의 일 적는댔나
흐른 세월 석물(石物) 머리 이리도 갈았는데

단취고유(單就告由) : 고유는 신위에 사실을 사뢰는 것. 단취는 혼자 나아가 잔을 올리고 의식을 치르는 것을 가리킨다.
태사(太史) : 중국의 벼슬로 하늘, 별, 제사 등을 관장한 직책. 여기서는 역사를 기록하는 사람.
충간(忠肝) : 충성스러운 마음.
석의(石儀) : 무덤 앞에 만들어 놓은 석물(石物)을 통틀어 하는 말. 문무관상과 짐승, 석주(石柱), 석등, 상석 등이 모두 포함된다.

謹賀碧史先生文存及漫錄刊行

文質彬彬字字輝
淸詞卓說入精微
好迎三月成佳集
從此花井丹鶴飛

賀(하) : 하례 하, 경축, 가상히 여기다, 더하다, 메다.
彬(빈) : 빛날 빈, 밝다.

삼가 벽사선생(碧史先生) 문집 출간을 경하드리며

표현 실질 아우르니 빛나는 마디마디
맑고 높은 생각인데 순수하고 자상하다
지화자 삼월 삼진 벽사문존(碧史文存) 나왔다네
일로부터 화전(花田) 땅에 단정학(丹頂鶴)이 춤추리라

문존(文存) : 문집과 같은 뜻.
만록(漫錄) : 만필(漫筆). 일정한 체제를 생각하지 않고 붓 가는대로 쓴 글. 수필 양식에 가깝다.
문질빈빈(文質彬彬) : 문(文)은 표현, 곧 밖으로 드러나는 모양. 질(質)은 내용, 곧 실질. 밖에 나타나는 것과 실질이 일치 조화하는 것을 뜻함.
청사탁설(淸詞卓說) : 말씨가 깨끗하며 내용이 뛰어나게 훌륭한 것.
화정(花井) : 일명이 화전(花田). 서울 서북쪽 고양시의 한 구역. 여기서는 벽사 이우성(碧史 李佑成) 선생이 사는 곳을 가리킴.
단학(丹鶴) : 단정학. 학. 두루미의 일종으로 몸이 크고 빛이 희며 머리에 붉은 점이 있는 것. 길조, 상서로운 기운을 나타낸다.

 ## 畏友柳東柱學兄所贈素心蘭開花

初發幽蘭一室輝
素心淸馥正醇微
靈均古事誰能忘
窓外西天雁北飛

畏(외) : 두려워할 외, 으르다, 죽다.
幽(유) : 그윽할 유, 숨다, 멀다, 어둡다, 조용하다, 귀신, 저승.
馥(복) : 향기 복, 명성, 덕화.
醇(순) : 진한술 순, 순수하다, 자세하다.

유동주형(柳東柱兄)이 보낸 소심란이 피었기에

갓 피어난 난초꽃에 온 방이 환해지고
한마당 맑은 향기 은은하고 가녀리다
굴원(屈原)이 끼친 옛 일 누구서 잊을 건가
창밖엔 서녘 하늘 기러기가 북녘 간다

외우(畏友) : 존경하면서 두려워하는 벗.
순미(醇微) : 향기가 순수하면서 은은하게 퍼지는 것.
영균(靈均) : 초나라의 충신 굴원(屈原)의 자. 왕이 그의 충언을 듣지 않자 비관하여
 멱라수에 투신, 자살했다. 평소 난초를 좋아하여 그 꽃을 허리에 차고 다니며
 즐겼다. 「이소경(離騷經)」, 「어부사(漁父詞)」 등이 있다.

登濯淸亭
乙酉三月

一.

歸鄉登閣賞春暉
依舊中庭草色微
皓髮靑山相對裏
回望京兆白雲飛

濯(탁) : 씻을 탁, 상앗대도, 크다, 빛나다, 민둥민둥하다, 목욕을 할 때 쓴 더러워진 물.
暉(휘) : 빛 휘, 빛나다.
皓(호) : 횔 호, 단단하고 바른 모양.

탁청정에 올라
을유년(2005년) 3월

一.

옛터 찾아 오른 다락 봄은 이제 무르녹고
변함없는 그 뜨락에 풀빛이 그윽하다
흰 머리와 푸른 산이 마주보고 앉은 자리
바라보는 서울 장안 흰 구름이 날아간다

탁청정(濯淸亭) : 경북 안동군 예안면 군자리에 소재한 정자. 조선왕조 중종 36년
 (1541년) 탁청정 김유(金綏)공이 창건한 누정으로 그 현판은 한석봉이 썼고 퇴
 계 이황(退溪 李滉)과 농암 이현보(聾巖 李賢輔) 등의 시가 벽상에 걸려 있다.
호발(皓髮) : 백발. 여기서는 나 자신을 가리킴.
경조(京兆) : 한나라 때의 서울인 장안(長安). 여기서는 우리나라의 서울을 가리킴.

二.

宣城三月耀陽暉
啼鳥門前新艾微
破壁風窓先祖跡
憑軒懷古細愁飛

耀(요) : 빛날 요, 빛, 빛내다.
啼(제) : 울 제, 새 지저귀다.
艾(애) : 쑥 애, 거둘 예, 아름답다, 부양하다, 징계하다.
憑(빙) : 기댈 빙, 의거하다, 붙다, 증거, 성하다, 차다, 건너다 걸어서, 건너다, 빙하 (憑河).

二.

삼월 달 예안 땅에 맑은 햇살 서려 있고
새가 우는 문 앞에는 쑥 잎 빛깔 새틋하다
허문 벽 찢어진 창, 조상님들 끼친 자취
옛일 그려 기댄 난간 잔 시름은 흩어진다

선성(宣城) : 안동군 예안현의 구호 가운데 하나. 일제 초기의 행정구역 개편으로 안동군에 소속되었으나 옛날에는 독립현이었다. 지금도 퇴계가 쓴 선성현아문(宣城縣衙門)의 현판과 동헌의 판액인 근민당(近民堂)이 남아 전한다. 1970년대에 국가사업으로 이루어진 안동댐으로 수몰지구가 되어 옛 현청은 보존되지 못했다.
파벽풍창(破壁風窓) : 벽이 허물고 창을 바른 종이도 찢어진 집. 세월이 오래 되어 거칠어진 건물을 가리킨다.

 初夏偶吟

榴夏家家綠掩門
聲聲布穀認農村
天然景色本無主
畵意縈心詩惱魂

榴(류) : 석류나무 류, 유월(榴月), 음력 5월의 별칭, 석류꽃이 피는 달이기에 붙인 것이다.
掩(엄) : 가릴 엄, 닫다, 감싸다, 숨기다.
穀(곡) : 곡식 곡, 양식, 착하다, 기르다, 살다.
縈(영) : 얽힐 영, 두르다, 굽다, 돌다.
惱(뇌) : 괴로워할 뇌. 고뇌(苦惱) : 몹시 괴로움, 마음 고생.

초여름에 우연히 읊다

석류꽃철 집집들은 녹음에 휘덮였다
소리소리 뻐꾹새는 농사꾼들 일깨우네
천연의 좋은 경치, 절로절로 있는 것을
무어라 그림과 시 사람 마음 얽어대나

류하(榴夏) : 음력 5월의 별칭.
포곡(布穀) : 뻐꾸기. 음력 4월 모심기 때 우는 새로 시골 농촌의 농사일을 상징한다.
영심(縈心) : 휘돌아 감기는 듯 얽히는 마음.

 落星垈姜邯贊將軍騎馬像

  星落垈前一銅像
  如山不動禦胡風
  當年偉業誰能忘
  馬上英姿今古同

垈(대) : 터 대, 집터 대. 집터를 대지(垈地)라고 한다.
邯(감) : 현이름 감, 땅이름 함. 〔감〕은 속음으로 본래는 〔함〕이 맞다.
贊(찬) : 도울 찬, 뵈다, 이끌다, 추천하다, 밝히다, 전달하다, 찬성하다, 참가하다, 문체 이름.

낙성대 강감찬(姜邯贊) 장군 기마상

별똥별 묻힌 자리 동상 하나 우뚝하니
산악인 듯 움직 않고 되파람을 막아주네
그날의 그 자취를 모르는 이 뉘 있으리
말을 탄 굳센 모습 풍상 속에 한결 같다

강감찬(姜邯贊)(948~1031) : 고려 현종 때의 장군. 현종 9년 거란의 소배압이 고려를 침공할 때 20만 대군을 이끌고 맞아 싸워 귀주대첩을 이끌어 내고 국경선을 압록강 가까이로 확장했다. 낙성대(落星垈)는 그가 태어난 집터 자리로 지금의 서울대학교 후문 쪽에 있다. 기념관 앞에 그의 기마상이 서 있어 이 시는 그것을 소재로 한 것이다.
어호풍(禦胡風) : 북쪽 오랑캐의 바람을 막다. 즉 오랑캐의 침노를 물리치다의 뜻.

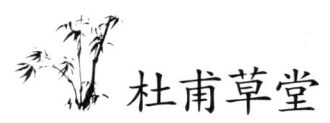 杜甫草堂

〈成都紀行〉

　　圍籬靑竹葉踈輕
　　草屋三間半欲傾
　　絶世詞章留板上
　　佳人不見太無情

杜(두) : 팥배나무 두, 닫다, 고대의 나라 이름. 周(주)의 성왕(成王)이 당씨(唐氏)를
　　　　봉한 지금의 섬서성 두릉(杜陵)이다.
籬(리) : 울타리 리.
踈(소) : 성길 소, 멀다, 거칠다, 트이다, 채소. 소(疎)의 속자.

〈성도기행〉

두보(杜甫) 초당에서

청대나무 성긴 잎이 생울타리 이뤘는데
초가집은 세 칸 남짓, 반나마 기울었네
절세의 글 솜씨는 판액되어 걸렸으나
님 가시고 볼 길 없어 내 마음 허랑했다

두보(杜甫)(712~770) : 당나라 현종 때의 시인. 중국에서는 이태백(李太白)과 아울러 손꼽히는 최대의 시인이다. 자는 자미(子美), 호 소릉(少陵). 대대 관리의 집에서 태어났으나 몇 번 과거에 낙방을 하고 뒤에 무기의 관리를 맡는 참군이 되었다. 안록산의 난 때는 적에 사로잡혀 연금 당하고, 탈출한 다음 복권이 되어 좌습유(左拾遺)가 되었다. 곧 조정의 기휘에 걸려 직책에서 쫓겨나 여기 저기를 떠돌면서 불우한 생을 보냈다. 두보초당은 중국 사천성 수도인 성도의 교외 완화계(浣花溪) 기슭에 있다. 두보(杜甫)는 한때 성도 절도사 엄무(嚴武)의 밑에서 공부원 외장으로 있었는데 완화초당(浣花草堂)은 이때 세운 것이다.
□ 2005년 6월 말 나는 한중인문학회의 일원으로 성도(成都) 여행을 한 적이 있다. 첫날 아침 인천공항을 떠나 사천성 일대의 관광명소를 관람하고 이어 다음날에는 이태백(李太白)의 시로 이름이 높은 아미산에 올랐다. 우리 일행이 두보초당(杜甫草堂)에 들른 것은 여행 셋째 날인 7월 2일이었다. 그날따라 날씨는 아주 맑고 생각보다 무더웠다. 두보(杜甫)초당은 옛 건물을 복원한 것이었는데 군데군데 너무 규모가 큰 조형물들이 들어서 있어 당년의 정취가 가신 듯한 것이 아쉬웠다.

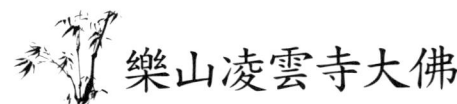

樂山凌雲寺大佛

岷江涵影遠山青
大佛埋苔石磴傾
白浪津頭風帆去
無窮景色畫難成

凌(릉) : 능가할 릉, 깔보다, 범하다, 얼음, 지나다, 거칠다, 섞다.
岷(민) : 산이름 민, 강이름 민.
涵(함) : 젖을 함, 넣다, 잠기다.
磴(등) : 돌비탈길 등, 돌다리, 늘다, 개울물이 붇다.

낙산 능운사(凌雲寺)의 대불에 부쳐

민강(岷江)의 산 그림자 먼 빛으로 푸르른데
큰 부처에 이끼 끼고 돌길은 빗겨 있네
흰 물결 나루터에 바람 안고 돛배 가니
저절사 좋은 경치 그림도 못 담겠네

낙산(樂山) : 중국에는 같은 산 이름을 단 현이 몇 개 있으나 여기서는 사천성 협강(夾江)현 동남쪽 민강(岷江)가에 있는 산을 가리킨다. 강을 끼고 붉은 빛을 한 바위 절벽이 있는데 바로 이 산에 능운사(凌雲寺)가 자리했다. 그 일부에 높이 71m에 달하는 미륵대불이 서 있다.
민강(岷江) : 중국 사천현 송번현에서 발원하여 성도를 거쳐 낙산 앞을 흘러가는 양자강의 지류. 내가 갔을 때는 마침 비가 온 뒤로 흐린 물이 도도하게 흘렀다. 강기슭에 연 밭이 있었는데 작은 배가 그 사이를 헤치고 들어가는 풍경이 참으로 인상적이었다.
대불(大佛) : 낙산 미륵불을 가리킴.

登峨嵋山

峨嵋山色滿襟靑
削壁千尋眼忽驚
遙指雞林雲霧暗
時來天動感吾生

峨(아) : 높을 아, 재, 위엄이 있다, 산이름 아.
嵋(미) : 산이름 미.
襟(금) : 옷깃 금, 가슴 금, 재빠르다, 물이 합류하는 곳, 새의 목.
削(삭) : 깎을 삭, 칼집 초, 범하다, 재다, 약하다, 험하다, 거문고를 돌려놓는 소리, 서울에서 200리 이상 300리 이내의 땅.

아미산(峨嵋山)에 올라

아미산 그 빛깔에 내 옷깃 풀물들고
깎아지른 천길 석벽 어질하고 어질하데
아득히 가늠하는 내 나라는 구름 저쪽
때맞추어 천둥소리 내 한 몸을 떨게 했다

아미산(峨嵋山) : 중국 사천성 아미현 서남쪽에 있는 높은 산. 표고 3,034m. 이태백(李太白)의 시 「峨嵋山月半輪秋(아미산월반륜추)」로 이름이 높다. 나는 성도 여행 2일째인 2005년 7월 1일 이 산에 올랐는데 산정에 청성사(青城寺)라는 도교 사원이 있고 그것이 중국 도교의 발상지라고 한다.
계림(雞林) : 우리나라의 별칭 가운데 하나. 신라 경주의 왕궁자리에 유래한다.

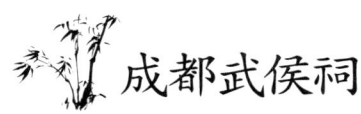 成都武侯祠

一廟蒼然半紫烟
七包雲卷碧空連
匪躬盡瘁千秋恨
五丈原頭星落年

侯(후) : 제후 후, 과녁 후, 왕성, 찾아뵈다, 아름답다, 어찌.
廟(묘) : 사당 묘, 위패, 빈소, 정전(正殿), 절.
匪(비) : 대상 비, 아닐 비.
躬(궁) : 몸 궁, 몸 소, 몸에 지니다. '비궁지절(匪躬之節)'은 자신의 일을 생각하지 않고 오직 국가, 민족을 위해 충성을 다함.
瘁(췌) : 병들 췌, 여위다, 근심하다, 무너지다.

성도(成都)의 제갈량 사당에서

사당은 창연했다. 반 남짓 내에 덮여
큰 기둥 높은 추녀 벽공에 솟아 있다
몸바쳐 도운 왕조 못다 지킨 천추의 한
오장원(五丈原) 하늘가에 큰 별이 떨어졌다

성도(成都) : 중국 사천성의 수부. 옛날 촉한(蜀漢)의 서울. 옛적부터 비단의 생산지로 이름이 있어 그것을 관장하는 관청이 있다. 금관성(錦官城)으로 불리기도 했다.

무후사(武侯祠) : 촉나라의 재상인 제갈량(諸葛亮)을 모신 사당. 제갈무후사로 통칭된다. 중국 여행 다섯째 날 나는 일행과 함께 이 사당에 들렀다. 높은 용마루에 고색창연한 건물들이 서있는데 앞 건물이 촉한의 첫대 왕인 유비(劉備)의 사당이었고, 그 다음 건물이 제갈공명(諸葛孔明)의 위패와 상을 모신 사당이었다. 고색창연한 그 광경이 참배자들에게 절로 숙연한 마음이 들게 했다.

비궁진췌(匪躬盡瘁) : 비궁은 비궁지절(匪躬之節)의 준말. 자신의 일을 돌보지 않고 오직 나라를 위해 일함. 진췌는 몸이 여위도록 일에 매달리어 애를 씀.

오장원(五丈原) : 제갈량이 위나라의 대군과 겨루어 마지막 결전을 벌인 전쟁터. 이때에 제갈량은 임금에게 알리는 「출사표(出師表)」를 쓰고 싸움터에 나갔으나 병이 깊어 작고했다. 그날 밤 하늘에 큰 별이 떨어졌다는 전설이 있다.

〈九寨溝紀行〉

黃龍歸路

疊疊雲山漠漠烟
林間海子作花田
如圖仙景眞耶否
興趣陶然忘俗緣

　　　　藏族稱湖水爲海子

疊(첩) : 겹쳐질 첩, 접다, 포개다, 두려워하다, 무명, 모직, 시를 지을 때 거듭하여 압운을 하는 일, 북을 치다.
漠(막) : 사막 막, 조용하다, 자리 잡다, 쓸쓸하다, 넓다.
耶(야) : 어조사 야, 아버지를 부르는 말, 옛 명검, 간사하다.
趣(취) : 달릴 취, 벼슬 이름 추, 향하다, 미치다, 뜻.

〈구채구기행〉

황룡산을 떠나면서

첩첩한 구름 산에 막막한 연기였네
나무 숲 호수들은 꽃밭이 완연했네
어절사 이 맛 경치 선경인가 꿈결인가
저절사 이는 흥취 띠끌 세상 잊고 싶데

　　　　　서장족들은 호수를 해자(海子)라고 한다.

황룡(黃龍) : 중국의 장족자취구 구채구에 있는 황룡산을 가리킨다. 국가급풍경명승구 가운데 하나. 예부터 취해(翠海)로 알려져 왔으나 1980년대까지 일반에게는 알려지지 않은 비경(秘境). 해발 3,000m 이상의 산과 골짜기에 114개의 호수가 있다. 흐르는 물이 진한 초록으로 맑고 그 바닥은 황색 바위가 깔려 있어 이런 이름이 붙었다.
첩첩(疊疊) : 바위나 산이 겹겹으로 둘려 있는 모양.
막막(漠漠) : 넓고 넓게 깔려 있는 모양.
해자(海子) : 장족이 호수를 가리키는 말.
도연(陶然) : 술이나 풍경에 취하여 기분이 좋은 모양.

 **贈杏坡李龍兌仁兄**

同鄉同甲兼同學
自少相從不盡情
忍見今朝頭上雪
要知養氣最延生

贈(증) : 보낼 증, 선물, 보태다, 맞다.
兌(태) : 바꿀 태, 날카로울 예, 기뻐하다, 모이다, 괘이름, 못, 사을, 소녀, 서쪽 등에 배당된다.
忍(인) : 참을 인, 용서하다, 잔인하다.

행파 이용태(杏坡李龍兌) 형에게

같은 고향 같은 나이, 학교조차 같은 대학
철들기 전 친구 되어 끊임없이 오고갔지
오늘 아침 문득 보니 머리에 눈이구려
어찌겠나 몸을 아껴 남은 세월 조히 살세

이용태(李龍兌)(1932~) : 자 치장(致長), 호 행파(杏坡), 송석(松石). 서울대학교 문리과대학 물리학과 졸업. 미국 유타대학 이학박사. 이화여대, 한국과학기술원 교수 역임. 삼보컴퓨터 회장. 퇴계학연구원 이사장. 박약회 회장.
인견(忍見) : 참고 봄. 안타깝게 바라봄.
요지(要知) : 꼭 알 것. 반드시 알아두어야 한다의 뜻.
양기(養氣) : 몸과 마음의 원기를 기름. 호연지기(浩然之氣)를 기름.
최연생(最延生) : 목숨을 연장하는 것. 수를 하는 일이 가장 중요한 일이라는 뜻.

乙酉桐月歸鄉省墓

再拜焚香燒木煙
單層床石草萊田
衝天義氣今無處
流水行雲幾度年

酉(유) : 닭 유, 술 유, 물을 대다.
萊(래) : 명아주 래, 향부자리, 풀이 나서 묵다, 김매다.
衝(충) : 찌를 충, 뒤얽힐 종.

을유년 7월달 고향에서 성묘를 하고

향 피우고 잔 드리니 향내가 그윽한데
홀으로 된 돌상머리 풀들이 이웃했다
하늘 찌른 그 의기는 지금 어디 가셨는지
물 흐르고 구름 가고 몇몇 해를 지났는가

동월(桐月) : 음력으로 7월.
초래(草萊) : 무성한 잡초나 황폐한 땅을 이름. 시골, 초야(草野)를 뜻하기도 한다.
유수행운(流水行雲) : 흐르는 물과 가는 구름으로 인공이 개입하지 않는 자연의 경
 지를 가리킨다.

南漢山城
乙酉秋夕前五日

新凉入戶敞幽情
信脚登高到古城
依舊將臺如禦賊
寒蛩聲裏感懷生

敞(창) : 높을 창, 드러나다, 널찍한 모양, 마음을 빼앗겨 멍하다.
脚(각) : 다리 각, 파발꾼 각, 밟다, 발을 잡다.
蛩(공) : 메뚜기 공, 귀뚜라미 공, 매미허물, 근심하며 생각하는 모양.

남한산성
을유년 추석 닷새 전날

서늘바람 건듯 부니 그윽한 정 절로 인다
두 다리로 언덕 토파 옛적 성에 다다랐네
예대로인 수어장대(守禦將臺) 오랑캐를 물리친 곳
실솔이 울어울어 가슴 속에 회포 인다

남한산성(南漢山城) : 경기도 광주군 중부면 소재. 한때 그 기슭에 백제의 왕도가 있었다. 지금의 성은 조선왕조 선조 28년(1559년)에 축조한 것. 병자호란 때 왕과 대신들이 피난하여 청나라 군대에 항전을 시도하였으나 45일 만에 항복한 굴욕의 고전장이기도 하다.
신량(新涼) : 초가을의 서늘함.
신각(信脚) : 발이 가는 대로 맡겨둠.
어적(禦賊) : 적을 막아냄.
한공(寒蛩) : 늦은 가을에 우는 귀뚜라미.

永嘉秋興
乙酉重九

雄府千年石塔斜
淸江一曲擁民家
冠裳故國霜楓節
信脚登高採菊花

嘉(가) : 아름다울 가, 뛰어나다, 기쁘다, 칭찬하다, 즐기다, 곡식.
擁(옹) : 안을 옹, 가릴 옹, 들다, 잡다, 지키다, 거느리다, 싸다.
裳(상) : 치마 상, 낮에 입는 옷, 화려하고 아름다운 모양.

안동에서 가을을 맞아
을유년 중양절(重陽節)날

내 고장 천년 석탑 비스듬이 기울었고
맑은 가람 굽어든 곳 낮은 추녀 집들 섰네
예속 문물 지킨 고을 서리친 단풍인데
길을 토파 언덕에 서 들국화를 꺾어들다

영가(永嘉) : 경상북도 안동의 구호. 안동은 태백산 황지에서 발원하는 본강과 일월
 산(日月山)에서 흘러 내려오는 반변천(半邊川)이 합수하는 자리에 있어 이수지
 합(二水之合)을 뜻하는 영(永)자를 쓰고 가(嘉)를 붙여서 영가(永嘉)로 불렸다고
 한다. 이밖에도 안동은 화산(花山), 복주(福州), 길주(吉州) 등의 별칭을 가진다.
관상고국(冠裳故國) : 예속과 교양, 행동범절이 특히 아름다운 나라, 또는 지역. 여
 기서는 안동을 가리킴.
상풍(霜楓) : 서리에 치어 잎에 물이 든 나무를 가리킴.

 乙酉秋過鳥嶺

九折羊腸駄馬哀
一峰纔過一溪來
全山亂石霜楓裏
回望嶺南雲半開

駄(타) : 실을 타, 짐 타, 짐 싣는 말, 바리.
纔(재) : 겨우 재, 한 번 물들인 명주, 비로소, 밤 색.

을유년 가을 새재를 지나면서

굽이굽이 험한 고개 노새도 숨차하고
한봉우리 돌아가자 시냇물 앞 가리네
산을 덮은 어질바위 서리친 나뭇잎들
바라보는 영남 땅은 구름 절반 개인 하늘

조령(鳥嶺) : 충청북도 충주와 경상북도 문경의 경계를 이루는 산 고개. 삼국시대 신라와 백제의 국경이 된 곳이며 임진왜란 때는 천험의 요해지를 이용하지 못하여 왜군의 진격을 차단하지 못한 한이 서린 곳이다. 경상도 쪽부터 제1관문인 주흘관(主屹關)이 있으며 바위틈을 흘러내리는 맑은 시내가 절경을 펼치는 관광명소이기도 하다.
구절양장(九折羊腸) : 양의 창자와 같이 아홉 굽이나 굽어 휘도는 험한 산길을 가리킨다.
타마(駄馬) : 짐 싣는 말.
재과(纔過) : 겨우 지나다.
난석(亂石) : 여기저기 어지럽게 솟아 보이는 돌과 바위.

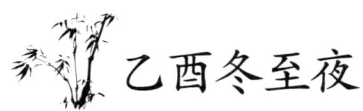 乙酉冬至夜

如流歲月自行巡
一到隆冬降雪頻
窓外三更聞遠雁
挑燈讀杜似先人

隆(륭) : 클 륭, 두텁다, 높다, 길다, 성하다.
頻(빈) : 자주 빈, 물가, 급박하다, 어지러워지다, 친하다, 콧날.
挑(도) : 칠 도, 돋우다(등불의 심지를 돋우다), 어깨에 메다.

을유년 동짓날 밤

세월은 물같아도 시절은 어김없어
겨울이 깊어 감에 눈은 거푸 내리는다
창밖은 깊은 한밤 하늘가에 기럭 소리
등불 밝혀 두시(杜詩) 읽는 내가 옛 분 닮아있다

여유(如流) : 흐르는 물 같이. 흔히 덧없이 가는 세월을 가리킴.
융동(隆冬) : 한창 추울 때, 한겨울.
도등(挑燈) : 등불의 심지를 다시 돋우고, 밤이 깊도록 책을 읽는 것.
독두(讀杜) : 두보(杜甫)의 시, 또는 글을 읽다.

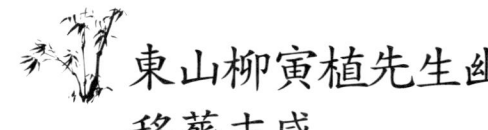

東山柳寅植先生幽宅國立墓地移葬志感

抗敵爲邦馳戰場
不關家事體容傷
國權未復身先死
六尺碑前薤露長

寅(인) : 범 인, 셋째지지 인, 삼가다, 동료.
馳(치) : 달릴 치, 제멋대로 하다, 베풀다.
薤(해) : 염교 해(백합과에 딸린 다년생 풀). 중국 한나라 때의 만가(輓歌)를 해로지 가(薤露之歌)라고 함.

동산 유인식 선생 묘소가 국립묘지에 이장된 것을 뜻 깊게 생각하며

나라 위해 적과 맞서 싸움터를 치달리니
집안일은 팽개쳤다 죽음도 무릅썼다
앗긴 나라 되 못 찾고 몸이 먼저 가셨음에
여섯 자 빗돌 앞에 슬픈 노래 일어 길다

동산 유인식(東山 柳寅植)(1865~1928) : 경상북도 안동군 예안면 삼산(三山) 출신. 보수 사림의 집안에서 태어났으나 20대 후반에 상경, 신문화의 세례를 받고 사회개혁운동에 투신. 고향에서 석주 이상룡(石洲 李相龍), 일송 김동삼(一松 金東三)과 함께 협동학교(協東學校) 창설. 한일합방이 되자 중국 동삼성으로 건너 갔다가 귀국. 그 후 노동운동, 사회개혁운동을 펴고 민립대학운동, 물산장려운동 등을 벌였다. 안동 지방의 노동공제회, 신간회에도 참여. 항일민족운동을 시도하다가 작고했다. 저서『대동사(大東史)』와 함께『동산문고(東山文稿)』가 있다. 유인식 선생의 유택이 국립묘지로 이장되자 그 비문을 유족들이 나에게 부탁했다. 이때 내가 지은 비문이 다음과 같다.

  동산 유인식 선생 국립묘지 비문
    나라 겨레 召命받아
    새 시대를 열려한 분
    침략자의 폭압에는
    한 몸 던져 항거했고
    民衆啓導 근대화에
    횃불들어 앞장섰다
    間島땅 三南길목
    독립만세 외친 서울
    義를 위해 뿌린 피는
    해와 달이 지켜가리

위방(爲邦) : 나라를 위함.

 雨水里春景

殘雪平蕪春水遲
天晴江國午陽時
傍人休問前冬事
歸雁沙頭梅一枝

蕪(무) : 거칠어질 무, 우거질 무, 달아나다, 풀이름.
遲(지) : 늦을 지, 더디다.
傍(방) : 곁 방, 성, 기대다, 모시다, 마지못하다.

양수리의 봄 경치

녹은 눈, 넓은 들판, 봄 시내는 느린 걸음
하늘 맑은 강마을에 한낮 햇볕 쌓여 있다
사람들아 말을 말자 지난 겨울 겪은 일들
기럭 떠난 모래톱에 매화꽃 한 가지를

양수리(兩水里) : 경기도 양평군의 일부. 북한강과 남한강이 합류하는 곳으로 지금 서울지역 상수원과 발전시설이 들어선 곳.
평무(平蕪) : 잡초가 우거진 들. 광활한 들판.
강국(江國) : 물 나라. 호수나 바다가 있는 지역.

李秉珏先生詩碑除幕志感

燕月匡山春氣深

新碑六尺老松陰

獻茶頌祝兒孫事

咫尺屛巖不暇尋

詩人李秉珏載寧人英陽石保出少時上京以來挺身于民族運動及文壇活動詩小說評論等多有前年余受囑遺作集發刊所要二年餘今春完成去四月九日建立記念詩碑擧行除幕式余當日下京參席歸京後有感而作一首

珏(각) : 쌍옥 각.
匡(광) : 바를 광, 구제하다, 휘다, 두려워하다, 돕다, 눈자위.
獻(헌) : 바칠 헌, 나아가다, 맞다, 좋다, 성, 위의가 있다.
咫(지) : 길이 지, 짧은 거리의 비유.
暇(하) : 겨를 하, 느긋하게 지내다.
囑(촉) : 부탁할 촉, 맡기다.

이병각 선생 시비를 제막하고 나서

제비 철 석보 언덕 봄기운이 무르익어
여섯 자 새 비석은 늙은 솔 섶에 섰다
잔 받들고 절 드림은 아들 손자 도리인데
눈앞의 병암산(屛岩山)을 못 오른 채 바라봤다

> 시인 이병각은 재령이씨로 영양군 석보면에서 태어났다. 약관에 상경하여 민족운동에 투신하고 문단활동도 했는데 시와 소설, 평론 등이 여러 편 있다. 연전에 내가 그가 남긴 작품들을 모아 간행하는 일을 맡아서 두 해 남짓 지난 올 봄에 완성을 했다. 금년 4월 9일 기념 시비를 세우고 제막식을 거행한 바 당일 내가 그 자리에 참석하고 생각이 일기에 이 한 수를 지은 것이다.

이병각(李秉珏)(1910~1941) : 경북 영양 석보(石保) 출생. 1935년 조선중앙일보에 단편 「눈물의 열차」가 당선되어 문단에 데뷔. 한때 경향시를 썼으며 조선중앙일보 기자 역임. 『시학(詩學)』 동인. 대표작 「소녀」, 「오월」, 「회야곡(懷夜曲)」 등. 2006년 『이병각문학전집』이 나왔으며 같은 해 고향 석보 원리동(院里洞)에 시비가 섰다.
연월(燕月) : 음력으로 3월달.
광산(匡山) : 석보 원두들 마을 뒤에 있는 산.
아손(兒孫) : 자손.

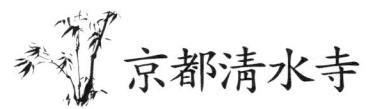 京都淸水寺

登閣聞鍾日欲西
歸來燕子帶芹泥
生成死滅安能識
隔海靑丘雲脚低

芹(근) : 미나리 근, 물건을 선사할 때의 겸사 근헌(芹獻).
泥(니) : 진흙 니, 진창, 흐리다, 약하다, 바르다, 벌레 이름.
隔(격) : 사이뜰 격, 거리, 치다.
脚(각) : 다리 각, 파발꾼, 밟다.

일본 경도의 청수사(淸水寺)에서

다락 올라 듣는 쇠북 서쪽에 해가 지고
찾아든 제비들은 옛 터전을 맴돌았다
태어나고 사라짐을 누가 있어 일러낼까
내 나라는 바다 건너 구름발이 나직했다

경도 청수사(京都 淸水寺) : 일본 경도 동산구(東山區)에 있는 북법사종(北法相宗)의
   본산. 평안조(平安朝) 시대부터의 고찰(古刹)로 규모가 크고 웅장하기로 이름
   이 높다.
연자(燕子) : 제비.
청구(靑丘) : 우리나라의 별칭. 계림(鷄林), 근역(槿域), 좌해(左海) 등.

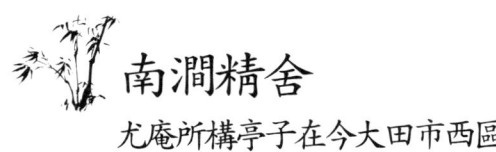

南澗精舍
尤庵所構亭子在今大田市西區

儵然南澗市門東
歷世清風上下通
一去先人巴蜀遠
寒鍾故國夕陽中

澗(간) : 산골물 간, 산골짜기, 강이름.
儵(소) : 날개찢어질 소, 빠를 유, 빨리나는 모양새.

남간정사(南澗精舍)
우암 송시열 선생이 세운 정자로
지금 대전시 서구에 있다

탁 트였데 남간정사 한밭(大田) 아문(衙門) 동이었네
옛적부터 부는 바람 하늘땅을 나들었네
아득해라 님이 간 곳 파촉땅 멀고 먼데
쓸쓸한 종이 울고 옛 터전에 석양 가득

우암(尤庵) : 숙종 때의 문신. 석학 송시열(宋時烈)(1607~1689)의 호. 서인, 노론의 영수로 남인과 치열한 정쟁을 벌이다가 사사됨.『우암집(尤庵集)』과『송자대전(宋子大全)』이 있다.
소연(脩然) : 사물에 얽매이지 않은 모양. 시원스럽게 시야가 트인 모양.
파촉(巴蜀) : 중국 사천성 지방을 가리키나 여기서는 사람이 죽어서 가는 저승길을 뜻한다.

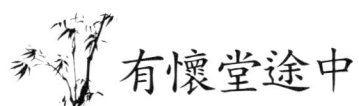# 有懷堂途中
在普門山南 無愁洞 英廟朝戶曹判書 權以鎭所構

廻縈一路向南東
十里垂楊細谷通
休問傍人世間事
微吟緩步入嵐中

廟(묘) : 사당 묘, 위패, 빈소, 한 나라의 정사를 집행하는 곳.
曹(조) : 마을 조, 무리, 나라 이름.
縈(영) : 얽힐 영, 굽다.
吟(음) : 읊을 음, 끙끙 앓다, 노래, 말을 더듬다.
緩(완) : 느릴 완, 늦추다, 늘어지다, 부드럽다, 누그러지다.
嵐(람) : 이내 람, 남기, 산 이름, 거센 바람.

유회당(有懷堂) 가는 길에
보문산 남쪽 무수동에 있는 집으로 영조 때 호조판서를
지낸 권이진 공이 지은 것이다

굽어 돌아가는 길은 남동쪽에 뻗쳤는데
10리라 수양버들 좁은 골짝 지나갔다
말을 말자 사람들아 세상살이 무엇인가
마음 풀며 걷는 걸음 이내가 밀려오데

유회당(有懷堂) : 대전시의 동북쪽 보문산 기슭에 있는 권이진(權以鎭)의 별서. 권이
 진은 현종 9년 출생, 영조 10년 사거. 자가 자정(子定), 호가 유회당 또는 만수
 당(漫收堂)이다. 아버지가 현감 유(惟), 외조부가 우암 송시열(尤庵 宋時烈)이
 다. 숙종 20년 대과에 급제해 지평, 동래부사를 거쳐 호조참판을 지냈다. 문집
 으로 『우회당집』이 있다.
회영(廻縈) : 휘돌아 굽은 모양.

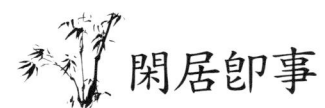 閑居卽事

家在城南近碧山
隨時登陟有餘閑
淵明山谷俱千古
好襲淸風日日還

陟(척) : 오를 척, 나아가다, 높다, 숫말(馬).
俱(구) : 함께 구, 갖추다, 같다.
襲(습) : 엄습할 습, 받다, 미치다, 입다, 수의 화합하다.
還(환) : 돌아올 환, 사방을 둘러보다, 또, 다시 재차, 성.

한가한 틈을 타서

집은 성남에 있어 푸른 뫼를 곁했는데
마음 내키면 산에 올라 스스로 좋아한다
도연명, 황산곡 이름 1000년 후에 새로우니
나날이 맑은 바람 즐겁게 쐬임이여

즉사(卽事) : 즉석에서 시가를 지음. 일에 착수함. 목전에서 일어난 일.
성남(城南) : 경기도 성남시. 내가 거처하는 집이 그 일각인 분당(盆唐)에 있다.
연명(淵明) : 도연명. 이 시집 절구부 「갑신추견국화(甲申秋見菊花)」의 주석란을 볼 것.
산곡(山谷) : 황정견(黃庭堅)(1045~1105). 중국 북송(北宋)의 시인이며 서예가. 자 노
  직(魯直), 호가 산곡(山谷) 또는 산곡도인(山谷道人)이다. 23세에 과거에 급제했
  으나 높은 자리에 나가지 못했다. 소동파(蘇東坡)의 문인으로 황산곡집(黃山谷
  集)이 있다.

 丙戌光復節憶先親

奮發期將覆敵城
撑天義氣八方晴
丹心赤血今安在
香火床前頌祝聲

憶(억) : 생각할 억, 우울해지다.
覆(복) : 뒤집힐 복, 덮은 부.
撑(탱) : 버틸 탱, 배를 저어나가다, 배부르다.

병술년 광복절 아버님을 생각하며

떨치고 일어나서 왜적 치기 기하시니
하늘 찌른 그 의기는 온 누리를 맑게했다
붉은 마음 끓은 피는 지금 어디 머무시나
향불 피는 제사상 앞 송축성 뿐이라네

선친(先親) : 김남수(金南洙) 선생. 이 시집 절구부 「선고민족운동공훈추서고유성묘(先考民族運動功勳追敍告由省墓)」 참조.
탱천의기(撑天義氣) : 하늘을 찌를 듯한 의로운 기개.
단심(丹心) : 마음 깊이에서 우러나오는 정성어린 마음. 흔히 임금이나 국가 민족에 대한 충성심을 가리킨다.
적혈(赤血) : 붉은 피. 단심(丹心)과 같이 쓸 때는 충성심을 뜻한다.

 ## 丙戌仲秋望月時菊花初發

望月他鄕欲醉狂
家山千里路茫茫
却憐黃菊知時發
姿色姸姸送遠香

醉(취) : 취할 취, 술에 담그다, 피로해지다.
却(각) : 물리칠 각, 그치다, 발어사, 각설(却說, 도리어, 어조사로는 료(了)와 같다.
　　　피하다.
茫(망) : 아득할 망, 사물의 모양, 바르다, 갑자기.
姸(연) : 예쁠 연, 우아하다.

병술년 대보름날 국화가 새로 피었을 제

타향에서 보는 저 달, 인사불성 되고 싶다
고향은 먼 천리, 길조차 망망하네
어여뻐라 국화꽃아 때를 알아 피었구나
곱디고운 그 모습에 향내도 멀리 난다

가산(家山) : 고향, 가향(家鄕).
각련(却憐) : 애달퍼라, 슬퍼라. 이때 각(却)은 어조사가 되며 '료(了)'와 같은 뜻으로
　　　　　지정, 판단, 금지, 결정 등의 의미를 가진다.
연연(妍妍) : 아름다운 모양.

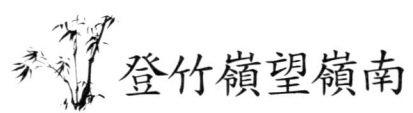
登竹嶺望嶺南

碧樹淸溪都是詩
山中細徑客行遲
日斜風定聞鴻叫
遙望南方夢也非

徑(경) : 지름길 경, 건널 경, 곧바로 길(금수의 통로).
叫(규) : 부르짖을 규, 부르다, 울다.
遙(요) : 멀 요, 거닐다, 가다.

죽령에 올라 영남 땅을 바라보면서

푸른 숲 맑은 시내 그 모두가 가락인데
산골짝 굽은 길에 나그네 길 느릿느릿
해질녘 바람 잔데 외마디 기럭 소리
드멀리 남쪽 풍경 꿈결인 듯 아득하다

죽령(竹嶺) : 충청도 단양과 경상도의 풍기 경계에 있는 고개로 표고 689m. 옛날 신라와 고구려의 국경에 위치했다.
벽수청계(碧樹淸溪) : 푸른 나무와 맑은 시내.
몽야비(夢也非) : 꿈인가 생시인가 꿈인가 현실인가.

 鷄龍山東鶴寺

十里雲嵐不見人
空山流水共吾身
風窓寒梵懷千古
回首蒼穹見北辰

梵(범) : 범어 범, 더러움이 없다는 뜻. 부처, 경문, 또는 부처의 공덕을 외는 말을
하다.
穹(궁) : 하늘 궁, 막다르다, 크다, 깊다, 활 꼴, 풀이름.

계룡산 동학사

10리라 뻗친 이내 사람은 자최 없다
빈 산과 흐르는 물 내 한 몸이 함께했네
허문 창 쓸쓸한 종 천고(千古)를 헤아리며
고개 들어 하늘 보니 북두칠성 걸려 있다

계룡산 동학사(鷄龍山 東鶴寺) : 충남 공주군 계룡산 동쪽 기슭에 있는 절. 신라 성
　　덕왕 대의 회의화상(懷義和尙)이 창건하였고 마곡사의 말사(末寺)이다.
운람(雲嵐) : 구름과 이내.
한범(寒梵) : 쓸쓸하게 들리는 독경 소리.
북신(北辰) : 북극성의 다른 이름.

 丁亥元朝吟

一.

晨鷄喔喔破殘愁
新旭披雲喜氣流
望八今朝備忘事
餘生不作往年羞

亥(해) : 돼지 해, 간직하다.
喔(악) : 닭소리 악, 억지로 웃는 모양.
披(피) : 나눌 피, 찢을 피, 열다, 입다, 풀다.
羞(수) : 바칠 수, 맛있는 음식, 부끄러움, 모욕하다.

정해년 새아침에 읊다

一.

새벽닭 길게 울어 근심걱정 깨쳐내고
새해 솟아 구름 헤쳐 기쁜 기운 흘러든다
여든이 내일 모래, 바라는 바 오직 하나
남은 생에 지난 허물 거듭하지 말 것일레

원조(元朝) : 정월 초하룻날 아침.
악악(喔喔) : 옥옥이라고도 읽으며 닭이나 꿩이 우는 소리.
신욱(新旭) : 새로 솟은 햇살. 여기서는 정월 초하룻날 처음 솟아난 햇살.
망팔(望八) : 80을 바라보는 나이. 70세 중반 이후를 말함.

二.

爆竹元朝破細愁
携琴調律樂如流
胸中猶抱終生計
文思詩情不犯羞

携(휴) : 끌 휴, 들다, 잇다, 떼어놓다.
猶(유) : 오히려 유, 마땅히 …하여야 한다, 써(以), 부터(由), 닮다, 태연히(猶然), 주저하다.
犯(범) : 범할 범, 죄, 죄인, 거치다, 속이다, 만나다.
羞(수) : 부끄러울 수, 바칠 수, 음식물 육포, 모욕하다.

二.

새해 새날 폭죽소리 잔 근심을 물리치니
가얏고 가락 골라 제 흥취가 절로 나네
가슴 속 품은 것은 마감 날 바램이니
말과 글 마음들이 수치를 범치 말길

폭죽(爆竹) : 가는 대통에 폭약을 담아 불을 질러 불꽃과 소리가 나게 하는 것. 중국에서는 새해 초에 폭죽놀이를 했다.
문사(文思) : 문장 속에 담긴 사상. 문(文)은 천지를 다스리는 경위이며 사(思)는 덕의 순일완비(純一完備)를 가리키기도 한다.

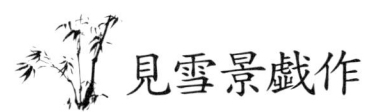 見雪景戲作

隆冬大雪蔽紅塵
啼鳥松林物態新
好是乾坤純白色
仰天一嘯自由人

戲(희) : 놀 희, 희롱하다, 연기, 연극, 성, 고을 이름.
蔽(폐) : 덮을 폐, 나늘 폐, 어둡다, 결정하다.
嘯(소) : 휘파람불 소, 꾸짖을 질, 읊조리다, 이명(耳鳴), 꾸짖다(叱), 불소부지
    (不嘯不指)(『禮記』)

눈이 내린 경치를 보고 작란 삼아 짓다

한겨울에 큰 눈 내려 티끌 먼지 덮었으니
새 지저귄 소나무 숲 오만 것이 새롭구나
좋을시고 하늘과 땅 순색으로 희고 희다
하늘 향한 한 파람에 굴레 벗은 이 몸일레

융동(隆冬) : 한 겨울.
홍진(紅塵) : 햇빛에 비추어 볼 때 일어나는 티끌. 번거롭고 속된 세상.
일소(一嘯) : 한 번의 휘파람. 한 번 시원스럽게 날려 보는 휘파람.

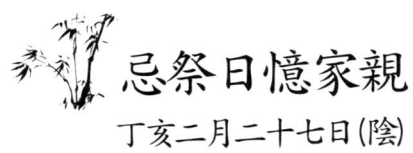

忌祭日憶家親
丁亥二月二十七日(陰)

一.

四十終生一布衣
企圖光復世相違
討倭未畢身先逝
祭罷床前燭淚飛

忌(기) : 꺼릴 기, 미워하다, 질투하다, 부모가 돌아가신 날, 공경하다, 어조사.
倭(왜) : 왜국 왜, 오랑캐 왜, 두르다, 추하다.
畢(필) : 마칠 필, 죄다, 모두, 그물, 별 이름, 슬갑(추위를 막기 위해 무릎 위에
  덮는 물건).
逝(서) : 갈 서, 뜨다, 미치다, 바르다, 날다, 맹세하다.
罷(파) : 놓아줄 파, 그칠 파, 덜다, 내치다, 어미에서 명령.

제삿날 아버님을 그리며
정해년(2007년) 2월 27일(음력)

一.

마흔으로 다한 평생 벼슬은 없으셨다
나라 찾기 기했으나 때를 얻지 못하셨다
못다 친 왜적 두고 몸이 먼저 가시다니
제삿상 머리 앞에 촛불도 눈물짓네

가친(家親) : 남에게 자기 아버지를 이르는 말. 여기서는 선친과 같은 뜻으로 쓴
 것이며 김남수 선생을 가리킴. 이 책 절구부 「선고민족운동공훈추서고유성
 묘」 주석란 참조.
포의(布衣) : 베로 지은 옷. 벼슬하지 않은 선비를 가리키는 말로 백의(白衣), 백
 포(白布)와 같은 뜻.
토왜(討倭) : 왜적, 곧 일본과 겨루어 싸운 일. 항일저항운동을 벌인 일을 가리킨
 다.
제파(祭罷) : 제사가 끝남.

二.

不避風霜着白衣
挺身抗敵恨時違
年年此日含哀痛
遙望家山寒雨霏

舎(함) : 머금을 함, 거두다, 드러나지 아니하다, 넓다.
霏(비) : 눈펄펄내릴 비, 조용한비 비, 연기 오르는 모양, 구름이 나는 모양, 사물의 모양.

二.

바람서리 무릅쓰고 겨레 얼을 지키셨다
적을 치려 던지신 몸 때를 얻지 못하셨다
해마다 맞는 이 날 마음 가득 한이 일어
바라보는 고향 산천(山川) 차가운 비 내리는가

백의(白衣) : 여기서는 우리 민족의 상징으로 흰 옷을 입고 사셨음을 뜻하다. 백의
=포의(布衣)로 벼슬 안 한 선비를 가리킴.
정신(挺身) : 일에 앞장서 나가며, 한 몸의 안위를 돌보지 않음.
한우비(寒雨霏) : 차가운 비가 흩뿌림.

 丁亥春登濯淸亭

雲收故縣一天晴
十里湖山錦繡明
繼繼遺謨尙在此
倚欄回首感懷生

繡(수) : 수놓을 수, 성, 생명주.
謨(모) : 꾀 모, 계책, 속이다, 없다, 그릇의 이름.
倚(의) : 의지할, 치우치다, 인연하다, 가락을 맞추다. 맡기다, 기이할 기, 불구.

정해년 봄 탁청정에 올라

구름 걷힌 옛적 고을 하늘이 하냥 맑아
십리라 걸친 산천(山川) 비단수마냥 밝다
대를 이어 지킨 법도 상기도 뚜렷함에
난간에 기대보니 감회가 절로 인다

탁청정(濯淸亭) : 이 책 절구부 「등탁청정(登濯淸亭)」 주석란 참조.
고현(故縣) : 옛 고을. 역사가 오래된 고장. 여기서는 안동군 예안현(禮安縣)을
 가리킴.
호산(湖山) : 호수와 산. 물이 있고 풍광이 좋은 고장.
계계(繼繼) : 면면하게 이어 내려온 모습.
유모(遺謨) : 끼치신 계책, 물려 내린 슬기.

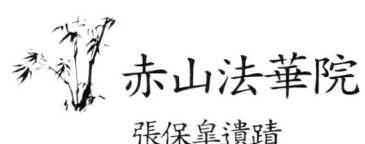

赤山法華院
張保皐遺蹟

滿壑松花蜂蝶忙
一條飛瀑水猶香
千年禪院尚存處
風磬寥寥山日長

皐(고) : 못 고, 헌이름 호, 논, 물가, 느리다, 완고한 모양 고고(皐皐).
壑(학) : 골 학, 도랑, 해자, 구렁, 석굴.
忙(망) : 바쁠 망, 조급하다, 두려워하다.
磬(경) : 경쇠소리 경, 비다, 말을 달리하다.
寥(료) : 쓸쓸할 료, 휑하다, 하늘.

적산 법화원(赤山法華院)
장보고(張保皐)의 유적

왼산은 송화꽃 철, 벌과 나비 분주한데
외줄기 폭포 있어 물이 외려 향기롭다
천년이라 오랜 절이 상기도 있는 자리
풍경소리 호젓하고 하루 해는 더디 간다

적산 법화원(赤山 法華院) : 중국 산동반도 위해시의 남쪽 해안에 있는 적산(赤山)의 장보고 유적지. 나는 2007년 5월 16일부터 22일까지 일주일 여정으로 중국 산동대학 주최의 동북아시아 국제학술대회에 참석하여 기조강연을 했다. 대회 마지막 날 위해시(威海市) 일대의 고적, 명승지 답사를 했는데 적산 법화원은 이때 들른 곳이다. 이곳은 장보고가 신라방을 연 터전으로 중국정부가 대대적인 복원공사를 벌리고 있었다. 법화원(法華院)은 한국의 유지들이 재정부담을 하여 옛 터에 새로 세운 가람이 높이 솟아 있었다. 적산(赤山)은 일본 천태종(天台宗)의 개조이기도 한 원인(圓仁)이 당나라에 들어간 연고지이기도 하다. 지금 바다가 바라다 보이는 자리에는 그의 기록에 근거하여 남서쪽 산정에 해상명신(海上明神)상이 건립되어 있다.
일조(一條) : 한 줄기. 외줄기로 쏟아 내려오는 물줄기.
요요(寥寥) : 쓸쓸하고 고요한 모양.

 ## 夏日驟雨

疑是銀河化水源
瞬間霈雨溢庭門
依欄觀望滄桑變
白晝波聲似海村

驟(취) : 달릴 취, 바르다, 자주.
瞬(순) : 눈깜작일 순, 잠깐 사이.
霈(패) : 비쏟아질 패, 물이 흐르는 모양, 큰 비, 은택의 비유.
溢(일) : 넘칠 일, 차다, 교만하다.

여름날 소나기

어인 일가 미릿내가 물고를 터뜨렸나
순식간에 퍼붓는 비 집 안팎을 뒤엎겠다
난간에서 바라느니 뭍과 바다 바뀐 변괴
백주 대낮 파도소리 난 바다가 따로 없다

취우(驟雨) : 소낙비. 별안간 쏟아지는 비.
의시(疑是) : 의심하게 되다. 문는 강조가 되는 말법.
패우(霈雨) : 억수로 쏟아지는 비.
창상(滄桑) : 창상지변(滄桑之變)의 준말. 바다가 변하여 뽕나무 밭이 된다는 말로
　　세상의 변천이 매우 심한 것을 가리킨다.
해촌(海村) : 바닷가의 마을. 해국(海國)과 같은 뜻.

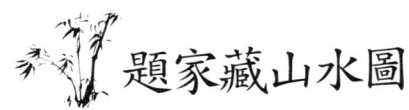 題家藏山水圖

危棧飛流全景寒
斜陽白鶴一聲殘
多情多感本來病
無限溪山供我看

藏(장) : 감출 장, 곳집 품다, 잠재하다, 정돈, 정리하다, 깊다, 우거진 모양, 성채, 풀 이름, 그르치다, 매장하다, 장물, 성, 성장(西藏)의 총칭.
棧(잔) : 잔도 잔, 비계(飛階), 마판(馬板), 작은 범종, 여관, 여인숙, 창고.

집에 갈무리한 산수도에 부쳐

높은 다리 급한 시내 그림 가득 시린 마음
해거름에 나는 학은 외마디로 남았구나
다정과 다감이사 그 본시 병인 것을
가이없는 산과 물을 내게 주어 보게 하네

위잔(危棧) : 높은 곳, 낭떠러지, 석벽에 걸린 어질한 다리.
비류(飛流) : 물보라를 일으키며 떨어지고 흐르는 물길.
계산(溪山) : 시내와 산. 시내와 산을 아우른 풍광.

 龍門寺口號

石徑蒼厓行步遲
深湫若喘老龍悲
天公與我如斯景
快闢山門寫興時

厓(애) : 언덕 애, 물가 애, 끝, 눈을 흘기다.
湫(추) : 근심할 추, 다하다, 늪, 근심하다 – 추추(湫湫).
喘(천) : 헐떡거릴 천, 기침, 숨, 속삭이다.
闢(벽) : 열 벽, 물리치다, 피하다, 깨우치다, 개간하다.

용문사를 두고 읊다

돌바닥 길 푸른 벼랑 느릿한 걸음인데
깊은 여울 흐느끼어 늙은 용이 우는 듯다
하늘 있어 나에게 이 맛 경치 끼치시니
활짝 열린 절집 앞서 멋과 가락 절로 인다

용문사(龍門寺) : 경기도 양평군 용문산(1,157m) 남쪽에 있는 고찰로 신라 선덕왕 3년에 창건됨. 봉선사(奉先寺)의 말사로 뜰에 원효가 심은 것으로 전하는 은행나무가 있다.
창애(蒼厓) : 푸른 빛 돌 정도로 높은 벼랑.
천공(天公) : 하늘. 끝없이 펼쳐진 하늘을 인격화시킨 말.
쾌벽(快闢) : 활짝 열린 문.

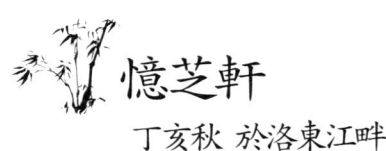
憶芝軒

丁亥秋 於洛東江畔

歸鴈霜秋杳舊蹤
黃花故郡聽疎鐘
我來千里君何處
江水無聲悲感濃

畔(반) : 두둑 반, 경계, 물가, 떨어지다, 어지러운 모양, 굳세다.
杳(묘) : 어두울 묘, 멀다, 깊숙하다, 조용하다.
蹤(종) : 자취 종, 뒤를 쫓다, 놓아 보내다.

지헌(芝軒) 김호길을 생각하고
2007년 가을 낙동강가에서

서릿발 속 기럭 와도 친구 소식 아득하고
국화 핀 옛적 고을 성긴 종만 울고 간다
천리를 내 왔는데 그대는 어디 있나
강물은 소리 없고 내 마음에 슬픔 인다

지헌(芝軒) : 김호길. 이 책 율시부「지헌십주기묘전사애(芝軒十週忌墓前寫哀)」주석
란 참조.
묘구종(杳舊蹤) : 옛날의 자취가 아득하다. 여기서 행위의 주인공은 지헌(芝軒)으로
그가 떠나서 낙동강가에 노닌 때의 옛 일이 새삼스럽기에 말해본 것이다.
아래천리(我來千里) : 내가 천리길을 왔다. 이날 아침 내가 성남 분당에서 안동에
갔으므로 그렇게 말한 것이다.

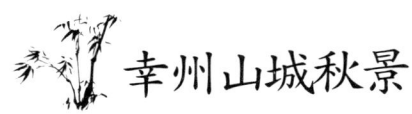 幸州山城秋景

寂寂山城蟋蟀歌
秋天萬里掛長河
一年一度黃花節
撫古傷今吾獨過

蟋(실) : 귀뚜라미 실.
蟀(솔) : 귀뚜라미 솔.
掛(괘) : 걸 괘, 마음에 걸리다.
撫(무) : 어루만질 무, 누르다, 사랑하다, 좇다, 돌다, 덮다.

행주산성의 가을에 부쳐

쓸쓸해라 옛 성터에 실솔이 울음 울고
만 리인가 가을하늘 은하수 걸렸구나
한 해에 한 번 오는 국화 핀 이 계절에
옛 그리며 이제 생각 내가 혼자 걸어간다

행주산성(幸州山城) : 경기도 고양시에 있는 옛전적지로 임진왜란 때에 도원수 권
  율(權慄) 장군이 구름떼처럼 밀려드는 왜적을 맞아 분전하여 대파시킨 영광의
  싸움터다.
괘장하(掛長河) : 하늘에 걸린 긴 강이므로 은하수를 뜻한다.
무고상금(撫古傷今) : 옛일을 헤아리며 지금을 애달파함.

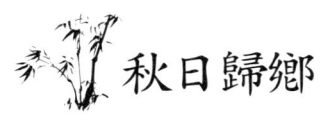 秋日歸鄉

霜月宣城景不貧
黃花此日慰衰身
隔江蘆荻籠煙處
東望淸凉脫世塵

宣(선) : 베풀 선, 펴다, 임금이 말하다, 조서, 떨치다, 밭갈다, 머리가 세다, 통하다.
慰(위) : 위로할 위, 우울해지다, 성내다.
籠(롱) : 대그릇 롱, 전통, 수레굴대, 풀이름, 축축해지다.
脫(탈) : 벗을 탈, 허물벗을 열, 느릿느릿할 태.

가을날 고향에 돌아와서

서리철 예안땅 풍물 경치 좋을시고
국화꽃 피어 있어 내마음도 느긋하다
강 건너 갈대밭에 냇기운 서려 있고
동녘을 바라보니 청량산은 선경이다

선성(宣城) : 안동군 예안의 구호중 하나. 자세는 이 책 절구부 「등탁청정」의 주석
란을 볼 것.
경불빈(景不貧) : 경치가 보잘것 없지 않다. 함축적 의미로 바꾸면 경치도 볼만하다
가 된다.
위쇠신(慰衰身) : 쇠신(衰身)은 몸이 여윈 자신. 나를 위로하는 듯하다.
농연(籠煙) : 연기가 서려 있음.
청량(清凉) : 청량산. 이 책 울시부 「선성추흥(宣城秋興)」 주석란 참조.

 歲暮山寺

頌間古刹帶嵐烟
細雪溪邊片石田
一幅天然圖畵裏
蓮花堂外又殘年

刹(찰) : 절 찰, 짧은 시간 찰라(刹那)라고 많이 씀. 탑, 깃대, 나라, 국토 찰토(刹土).
嵐(람) : 이내 람, 산속에 생기는 아지랑이 같은 기운, 산이름, 거센 바람, 폭풍우.

한 해가 저무는 때 산사(山寺)에서

소나무 숲속 오랜 절집 이내를 띠었는데
고운 눈 쌓인 냇가 돌조각 밭이 하나
자연은 제 스스로 한 폭의 그림인데
연꽃 그림 법당 밖에 짜투리로 남은 해여

편석전(片石田) : 넓고 기름지지 못한 데 있는 논밭. 산비탈 돌이 많은 땅에 일군 농토를 말한다.
연화당(蓮花堂) : 연화는 불교에서 도를 깨친 경지를 상징한다. 따라서 연화당이란 대오각성한 부처님을 모신 집을 뜻한다.
잔연(殘年) : 한 해가 다 갈 무렵 얼마 남지 않은 시간.

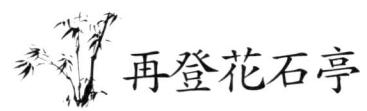 再登花石亭

一.

依舊江亭松岳東
晴天屹立四周空
儒宗一去眞猷遠
北鴈時來浴水中

屹(흘) : 산 우뚝 솟을 흘, 흘립(屹立) : 우뚝 솟아 있음.
猷(유) : 꾀할 유, 꾀, 계략, 이 책 율시부 『매월당 김시습』 주석란 참조.
鴈(안) : 기러기 안, 雁으로 많이 쓰인다.

다시 한 번 화석정에 올라

一.

옛 그대로 강정(江亭) 하나 송악산 동에 있다
맑은 하늘 우뚝 솟아 사방은 비었구나
크신 선비 떠나가고 참벼리도 아득한데
북쪽 기럭 날아와서 자맥질이 한창이다.

화석정(花石亭) : 이 책 율시부 「방파주율곡선생묘」 주석란 참조.
송악(松岳) : 송악산(松嶽山). 경기도 개성시 북쪽에 있는 산으로 높이 488m 남쪽 기슭에 만월대가 동쪽기슭에 자하동 등 명승지가 있다.
사주공(四周空) : 화석정에는 기둥만이 서있고 방이 없어 사방이 모두 통하기 때문에 이렇게 말했다.
유종(儒宗) : 유도를 궁구한 큰 선비, 율곡 선생을 가리킴.
진유(眞猷) : 참된 슬기, 율곡 선생의 높은 학덕이 곧 시대와 사회의 모범이 된다는 뜻.

二.

寅月坡平碧水東
臨湍臺上一樓空
悠悠往事聞無處
滿眼風光落照中

寅(인) : 셋째 지지 인, 범인, 삼가다, 동료, 동관.
湍(단) : 여울 단, 강이름 천, 여울, 급류, 소용돌이치다.

二.

새해 첫달 파평(坡平)땅에 푸른 강은 동녘가고
여울 곁에 솟은 돈대 다락은 비었더라
가뭇없이 지난 일들 물어도 알 이 없고
파평땅 좋은 풍광 저녁 붉새 가득하다

인월(寅月) : 음력으로 정월, 정월은 이밖에도 원월(元月), 상춘(上春), 청세(淸歲), 매
   춘(梅春), 신춘(新春) 등 별칭이 있다.
파평(坡平) : 파주의 명칭.

# 佛谷山

一徑松間頂上通
西天殘月作懸弓
悠悠浮世知音少
白首單身向曉風

徑(경) : 지름길 경, 건너다, 바르다, 곧다, 곧바로, 간사함, 지나다, 연유하다.
懸(현) : 매달 현, 걸다, 떨어지다, 헛되이.
曉(효) : 새벽 효, 밝다, 깨닫다, 타이르다, 사뢰다, 벗다, 나오다.

불곡산(佛谷山)

솔 숲 사이 외줄기 길 산 마루에 걸쳤는데
서녘 하늘 조각달은 되가얏고 닮아 있다.
뜬 구름 같은 세상 마음 맞는 사람 적어
흰 머리칼 내가 혼자 새벽 바람 맞고 섰다.

불곡산(佛谷山) : 경기도 성남시와 용인시 경계선에 위치한 산. 남북으로 길게 능선을 이룬 산으로 주봉 370m. 소나무와 자작나무, 밤나무들의 숲이 이어져 있어 시민들의 등산로로 이용된다.
작현궁(作懸弓) : 반달이 활 모양으로 굽어보이기에 쓴 표현이다.
지음(知音) : 가까운 사이로 설명을 듣지 않고도 상대방이 품은 생각을 헤아릴 수 있을 정도로 친한 친구. 종자기(鐘子期)가 백아(伯牙)의 거문고 타는 소리를 듣고 그것을 켜는 친구의 속마음까지 어김없이 파악했다는 고사에서 온 말.
백수단신(白首單身) : 나이가 들어 흰 머리칼을 날리게 된 사람. 나 자신을 가리킴.

日本九州由布溫泉二首

一.

湯布村前見石干
新梅滿發以雲團
金鱗湖上孤舟繫
　　　在由布山北東山林麓　南注作大分川.
乍雨乍晴舷末乾

繫(계) : 맬 계, 매달리다, 죄수, 줄, 매듭, 괘사, 계통.
麓(록) : 산기슭 록, 산감(山監), 숲 넓은 살림.
乍(사) : 잠깐 사, 지을 작.
舷(현) : 뱃전 현.

일본 구주(九州) 유후(由布) 온천 두 마리

一.

유후(由布) 온천 마을 돌 솟대가 보이는데
갓 피어난 매화꽃은 구름처럼 피었구나
금린호 물위에 쪽배 하나 매었는데

> 유후(由布)산 북동 쪽 산자락에 위치하며 남으로 흘러가 오이따강(大分川)이 된다.

개었다 내리는 비 뱃전 마를 사이 없다.

유후(由布) : 湯布라고 쓰고 由布와 음이 같게 유후라고 읽는다. 일본 북구주 오이타(大分)현 유후다케(由布嶽) 남쪽에 있는 온천으로 한 마을 전체가 온천장이다.
사우사청(乍雨乍晴) : 사청사우(乍晴乍雨)로 더 많이 쓰이는 말로 비가 조금 왔다가 개었다가 하는 변덕스러운 날씨를 가리킨다.

二.

處處溫泉標竹干
人人彩袖作花團
晝宵杜宇聲聲裏
料峭東風雲嶽寒

袖(수) : 소매 수, 소매에 넣다.
宵(소) : 밤 소, 작다, 닮다, 생명주(綃—宵衣).
峭(초) : 가파를 초, 엄하다, 산뜻한 모양.

二.

어디에나 온천인데 대숫대로 표를 하고
사람마다 색동옷에 꽃밭을 지었더라
밤낮 없이 우는 두견 소리소리 구성진데
쌀쌀한 하늬 바람, 구름 인 산 서늘하데

채수(彩袖) : 온천장의 사람들 옷이 모두 울긋불긋하여 빛깔이 있음을 가리킨다.
두우(杜宇) : 두견새, 소쩍새, 우리나라에서는 5월달 녹음이 짙어지면 우는 새로 4월말 일본에서도 울지 않는다. 이런 표현은 시적 과장에 속한다.
요초(料峭) : 봄바람이 쌀쌀한 것을 뜻함.

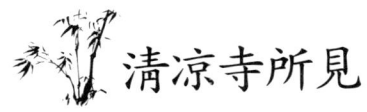 淸凉寺所見

一.

松櫟全山雲霧圖
伽藍數棟有無鋪
憑空淸梵消長裏
大佛眉間金彩珠

櫟(력) : 말구유 력, 마판, 상수리나무, 형구의 한 가지.
藍(람) : 쪽 람, 남색, 어지럽다, 성, 초무침.
鋪(포) : 펼 포, 가개 포, 두루 미치다, 앓다.
憑(빙) : 기댈 빙, 의거하다, 붙다, 성하다, 차다, 건너다
梵(범) : 범어 범, 더러움이 없다는 뜻. 부처, 천 축.

청량사를 돌아보다

一.

솔과 상수리 욱은 원산 안개 구름 그림인데
절집은 두어채로 있는듯 사라진다
하늘 나는 독경 소리 스러졌다 들려오고
큰 부처 미간에는 금빛 구슬 오롯하다

청량사(淸凉寺) : 청량산 자소봉 아래에 있다. 내청량의 유일한 절인데 신라 신문왕 때 원효의 창건으로 전한다. 옛 석축이 경내 여러 군데에 남아 있는 것으로 미루어 한 때 매우 큰절이었을 것으로 보인다. 지금은 옛 건물로 법당인 유리보전이 전할 뿐이며 정면 3칸과 후면 2칸의 단출한 구조로 되어 있다.
송력(松櫪) : 소나무와 상수리나무.
청범(淸梵) : 맑게 울려 퍼지는 독경소리. 이때에 범(梵)은 불경을 가리킨다.

二.

斷崖碧水勝名圖
壁上蓮花裝法鋪
大衆由來忘本性
不求眞理謾貪珠

斷(단) : 끊을 단, 결단하다, 쪼개다, 조각, 나누다, 사물의 모양(斷斷).
鋪(포) : 펼 포, 가래포, 두루미치다. 제기 이름.
謾(만) : 속일 만, 업신여기다, 교활할 면.

二.

벼랑끝 푸른 폭포 한폭의 그림이요
벽위의 연꽃들은 법당을 치장했다
중생들 본디부터 제모습 모르는 것
참 이치 외면한채 거짓구슬 탐한다네

법포(法鋪) : 불교의 수도 도량. 여기서 포(鋪)는 가게, 곧 집의 뜻임.
대중(大衆) : 수많은 여러 사람. 불교에서는 미망에서 헤어나지 못한 뭇사람들을 가리킨다.

 偶吟

鏡中踈髮不無悲
飜讀心方懷老師
回首家山千里遠
潺湲野水放流時

　　心方(活人心方)有退溪先生手澤本故及之

飜(번) : 뒤칠 번, 날다, 물이 넘쳐흐르다.
潺(잔) : 물 흐르는 소리 잔, 물이 졸졸 흐르는 모양.
湲(원) : 물 흐를 원, 맑다, 고기나 자라가 넘어지는 모양이나 소리.

우음(偶吟)

거울 속 성근머리 슬픔을 자아낸다
활인심방(活人心方) 펼쳐보니 퇴계(退溪) 선생 그립구나
고개드니 고향은 아득한 천리 저쪽
시냇물은 소리내며 흐르고 흐르는 때

　　심방(心方)은 활인심방(活人心方)으로 퇴계(退溪) 선생의 수
　　택본(手澤本)이 있기에 언급한 것이다.

우음(偶吟) : 우연히 읊음.
회로사(懷老師) : 큰 스승을 그리워함. 여기서는 퇴계 선생을 가리킨다.
잔원(潺湲) : 물이 소리를 내며 흐르는 모양.
활인심방(活人心方) : 중국 명나라 주권(朱權)이 지은 심신단련서이다. 주권은 호를 현주도인(玄洲道人), 함허자(函虛子), 단구(丹丘) 등으로 썼고 『한당비사(漢唐秘史)』이하 수십 종의 저서를 지었다. 만연에 도교를 믿었으며 의술에도 조예가 깊어 거기서 얻은 소양으로 『활인심방』을 지었다. 이 책에서 그는 인간이 원기를 가져야한다고 보고 그 방법으로 우주의 기운을 얻어야한다고 생각했다. 그것으로 육체와 정신이 아울러 건강해져서 평생 활력을 얻을 수 있다는 것이다. 그 방법으로 마음을 닦는 법과 육체적인 운동의 기법을 적었다. 영남지방에서는 퇴계 선생의 영향으로 이 책의 내용이 널리 퍼졌다.

挽善丁金彩潤兄

一.

永訣終天奈抑悲
從遊一世友兼師
月川九曲猶嗚咽
極目西方落日時

訣(결) : 이별할 결, 결정할 계, 사별하다, 끊다, 비결, 노하여 꾸짖다.
奈(내) : 어찌 내, 나락 나.
抑(억) : 누를 억, 급히다, 물러나다, 막다, 가라앉다, 아름답다, 벌어사, 조심하다, 삼가다.

만선정 김해윤 형(挽善丁金彩潤兄)

一.

영이별로 가시다니 이 슬픔 어이하나
평생을 오고가며 벗과 스승 아울렀지
달내강 마흔 굽이 목이메여 흐느끼고
아득해라 서녘하늘 해가 지는 이때인데

영결종천(永訣終天) : 영결은 영원한 이별. 영결종천하면 사람이 이 세상을 떠남을 가리킨다.
월천(月川) : 경남 거창군에 있는 시내로 진주 쪽을 흘러 남강과 합류한다.

二.

歷歷遺眞誰不悲
隨時卓說世爲師
聲聲杜宇無窮恨
智異山邊風雨時

窮(궁) : 다할 궁, 끝, 어려운 사람, 가난.
恨(한) : 한할 한, 뉘우치다, 억울하다.

二.

뚜렷하다. 남은 모습 누구 아니 슬퍼하리
이저금 빼어난 말 우리 모두 거울됐지
두견이 울음 울어 사무치는 통한인데
지리산 섶자리에 빗바람이 밀려든다

역력(歷歷) : 분명하고 뚜렷한 모양.
탁설(卓說) : 훌륭한 생각을 담은 말씀.
두우(杜宇) : 소쩍새, 두견새.

제2부

律詩

 ## 天登山秋興

九折羊腸人馬驚
靈區福地瑞光生
臺臨高岸迎風好
泉瀉幽林待月鳴
白日出雲千嶂碧
飛鴻映水一川清
自憐汨沒塵寰裏
欲就茲山隱姓名

腸(장) : 창자 장, 마음, 자세하다.
瀉(사) : 쏟을 사, 물이 흐르다, 토하다, 짠 땅, 설사.
嶂(장) : 가파른산 장.
汨(골) : 빠질 골, 빠르다, 다스리다, 깨끗하다, 물소리.
寰(한) : 기내 한(봉건시대 천자의 직할지), 천하, 인간세상, 궁전의 담.
茲(자) : 이 자, 검다, 흐리다, 때(時).

천등산(天登山)의 가을

구절양장(九折羊腸) 험한 고개 말과 사람 다 놀라고
한 배검 끼치신 터 서기 어린 빛이 난다
마루턱서 굽어보니 부는 바람 그리 좋고
깊은 숲 솟는 시내 달을 맞아 노래한다
구름 걷고 해가 뜨자 질푸르다 즈믄 봉들
물을 스쳐 나는 기럭 한가람이 저리 맑다
느껍구나 이 한 몸이 티끌세상 헤쳐온 일
살어리 이 산 속에서 이름 없이 숨어서 살리

천등산(天登山) : 충청북도 중원군 산척면과 제천시 백운면 원박리 사이에 솟은 산으로 박달재가 더 유명하다. 표고 504m. 소나무와 잡목이 우거진 숲이 있어 가을 단풍의 명소로 이름 높으며 백운면 쪽으로 낭떠러지가 된 골짜기에 물보라를 일으키며 흐르는 시내가 절경을 펼친다.
구절양장(九折羊腸) : 산길이 굽고 험하여 양의 창자처럼 되어 있음.
영구(靈區) : 신령스러운 곳. 매우 깨끗하여 살기 좋은 땅.
골몰(汨沒) : 다른 생각을 할 겨를도 없이 외곬으로 한 가지 일에만 전념하는 것. 몰두. 열중.

 甲申夏佛國淸遊

無限平蕪帶夕陽
瞬間着地佩襟凉
京衢殷盛連雲廈
鄕曲蕭疎設石梁
古院深沈文聖睡
滄江逶漫鐵船行
如斯風物如斯景
忘我長時白髮郞

佩(패) : 찰 패, 노리개, 지니다, 돕다, 번갈아, 교대로.
衢(구) : 네거리 구, 길, 갈림길, 서로 엉클어진 나뭇가지, 성, 가다(行).
逶(위) : 구불길 위, 사물의 형용.

2004년 여름 프랑스를 여행하고 나서

가이없는 넓은 들판 석양에 물이 든 곳
꿈결인듯 내가 왔다 가슴 속 시원하다
도시엔 끓는 인파, 고층 건물 즐비하고
시골은 조용한데 돌다리들 놓였구나
기념관은 고즈넉이 문성(文聖)들 모셔 있고
푸른 강에 넘실넘실 무쇠배가 지나간다
풍물이 이맛하여 경치도 좋을시고
넋을 잃고 지켜봤다 흰머리를 한 내가

불국청유(佛國淸遊) : 2004년 6월 21일부터 29일까지 해외의 한국어 교육과 연구의 실태조사를 위해 프랑스의 파리와 독일의 본에 다녀왔다. 프랑스에서는 파리 7 대학의 한국어학과와 공동으로 학술행사를 가졌다. 독일에서도 후우베교수와 함께 한국어 교육에 관한 세미나를 열었다. 이 작품은 파리에서 얻은 것이다.
경구(京衢) : 서울 거리. 여기서는 파리의 큰 거리.
은성(殷盛) : 번화하고 성함. 은창(殷昌)과 같은 말.
운하(雲廈) : 구름 위로 솟은 듯한 높은 집.
향곡(鄕曲) : 시골. 후미진 곳.
석량(石梁) : 돌다리. 징검다리. 석강(石矼)과 같은 말.
위만(逶漫) : 굽은 가운데 느린 모양.
백발랑(白髮郞) : 흰 머리의 남자. 여기서는 나 자신.

李陸史銅像除幕式志感

鐵石心腸不變更
單身抗敵志尙晴
淵源本自陶山出
功績惟期震域淸
大筆輝煌碑面字
遺詩歷落卷中聲
孤高風格誰能忘
造就遺眞感慨生

煌(황) : 빛날 황, 사물의 모양.
慨(개) : 분개할 개, 슬퍼하다, 탄식하다, 피로한 모양.

이육사 선생(李陸史先生) 동상을 제막할새 느낌을 적다

무쇠도곤 굳은 마음 꺾일 줄 몰랐었고
홀몸으로 원수 치니 그 넋은 청청했다
뿌리는 영남 도산, 퇴계선생 후예인데
끼치신 그 발자취 이 땅을 밝히었네
오시어라 님의 이름 빗돌을 휘덮었고
역력해라 남진 글들 책갈피서 소리친다
솟아 높은 그 정신을 누구 있어 잊을 건가
오늘 뵙는 옛 모습에 회포가 출렁인다

이육사(李陸史) : 이 책 절구부 「이육사전집편수후지감(李陸史全集編修後志感)」 주석란 참조.
연원본자도산출(淵源本自陶山出) : 이육사는 퇴계 선생의 후예이며 원촌 출신이다. 그 근원이 퇴계의 고향 도산이므로 이렇게 말한 것이다.
진역(震域) : 우리나라를 동진(東震)이라고 하여 이렇게 말했다.
역락(歷落) : 뒤섞인 모양, 빠지고 흩어짐.
유진(遺眞) : 끼치신 모습, 사진, 그림으로 그린 고인의 모양. 여기서는 새로 세운 동상을 가리킴.

 水鍾寺處暑

不二山門古渡頭
蘿崖松徑晩蟬秋
堂前畵幅添黃犢
壁上蓮花向綠溝
風引疎鍾心自動
雲開飛錫影如流
誰云眞諦經中在
忘我空間諸象幽

蘿(라) : 소나무겨우살이 라, 담쟁이덩굴.
蟬(선) : 매미 선, 뻗다, 잇다, 날다, 아름답다, 땅 이름.
添(첨) : 더할 첨, 성, 안주.
犢(독) : 송아지 독.
諦(체) : 살필 체, 울 제, 불교 용어로는 진실, 깨달음을 뜻하며 이때의 음은 '제'다.

처서(處暑)날 수종사(水鍾寺)에서

부처님 모신 가람, 옛날옛적 나루머리
댕댕이풀 소나무 길 쓰르라미 우는 가을
법당 앞 탱화에는 누렁 황소 그려 있고
벽 위의 연꽃들은 푸른 거량 걸쳤구나
바람결 성긴 쇠북 이내 마음 출렁대고
구름 걷자 늙은 스님 그림자로 스쳐간다
누구라 참 이치를 경전 속에 있다했나
잊자 나를 잊자 오만 것들 그윽하다

수종사(水鍾寺) : 경기도 남양주시 와부읍 문질산 남쪽 비탈에 있다. 북한강과 남한강이 합하는 지점에 있어 조망이 매우 좋음. 봉선사(奉先寺)의 말사로 조선왕조 초기에 창건된 것으로 전한다.
처서(處暑) : 24절기 중의 하나. 입추와 백로 사이에 있음. 태양이 황경(黃經) 150°에 이르렀을 때를 이르며 양력으로 8월 22일 경에 해당한다. 아침, 저녁으로 더위가 가시고 선기가 느껴지는 때다.
불이(不二) : 달리 있지 않고 유일무이한 것. 불교의 용어로 현상과 본체가 같은 차원이라는 뜻으로 쓰인다.
라애(蘿崖) : 댕댕이 풀이 우거진 벼랑. 곧 사람 발길이 닿지 않은 궁벽한 곳.
비석(飛錫) : 중이 순유하는 것. '석(錫)'은 석장, 곧 중이 사용하는 지팡이를 가리킨다.
진제(眞諦) : 참 진리.
제상(諸象) : 갖가지 현상. 삼라만상과 같은 뜻.

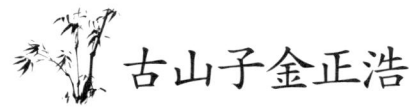 古山子金正浩

偏踏疆場製地經
聲光千古似明星
山窮北塞餐殘雪
水盡南涯宿敗萍
隨處探尋如乞士
不時馳走若私丁
超人偉業將何比
落落長松獨也靑

偏(편) : 치우칠 편, 반, 한쪽, 시골, 하나, 무리, 오로지.
疆(강) : 지경 강, 끝, 밭두둑, 변방, 굳세다.
餐(찬) : 먹을 찬, 곁두리, 칭찬하다, 밥말 손.
萍(평) : 부평초 평, 개구리밥.
乞(걸) : 빌 걸, 구하다, 소원, 주다.
馳(치) : 달릴 치, 제멋대로 하다, 베풀다.

고산자 김정호(古山子 金正浩)

내 나라 두루 토파 동국지도(東國地圖) 만드시니
천고(千古)에 그 이름이 샛별처럼 빛나시다
산(山) 첩첩 북녘에선 눈을 녹여 밥삼았고
물로 막힌 남쪽 땅 끝 개고리밥 밭에 잤다
어디메나 찾아갔다 돌중처럼 바랑 메고
상없이 치달렸다 노복인양 그리했다
가할 없이 장한 일을 이룩하신 크신 어른
솔이면 무슨 솔이 낙락장송 그 푸른 솔

고산자 김정호(古山子 金正浩)(?~1864) : 자 백원(伯元), 호가 고산자(古山子). 조선조 말기의 실학자, 지리 연구가. 황해도 출생으로 30여 년 동안 전국을 두루 답사하여 조선 팔도의 지도를 만들었다. 「청구도(靑丘圖)」를 먼저 작성하고 잇달아 「대동여지도(大東輿地圖)」, 「대동지지(大東地誌)」를 완성. 그가 만든 지도는 22첩으로 되어 있는데 10리 방안(方眼)으로 거리를 표시하여 그 정확성은 서구에서 개발한 5만분의 1지도와 대비될 만하다. 서대문 밖에서 그것을 판각하여 대원군에게 올렸던 바 국가의 기밀누설죄로 투옥당하여 각판은 몰수당하고 거듭된 모진 초달을 이기지 못하여 옥중에서 숨을 다했다.
강장(疆場) : 나라의 경계. 경작지의 경계. 대계(大界)를 강(疆)이라 하고 소계(小界)를 장(場)이라고 했다.
숙패평(宿敗萍) : 잠자리를 마른 부평초를 깔고 잠.
걸사(乞士) : 영락하여 비럭질을 하는 사람.
사정(私丁) : 사갓집의 종.

 訪坡州栗谷先生墓

荒草遺墳正可憐
時鳴蟋蟀古碑前
紅輪轉處煙收谷
宿露晴時雁叫天
花石亭邊川若鏡
白雲山麓稻如鈿
修身治國終何事
一世儒宗地下眠

墳(분) : 무덤 분, 언덕, 둑, 제방, 크다, 옛날의 책 이름, 땅 속에 있는 괴물 이름·분 양(墳三).
麓(록) : 산기슭 록, 산감(山監).
稻(도) : 벼 도.
鈿(전) : 비녀 전, 금장식.

파주땅 율곡 선생(栗谷先生) 묘소를 찾아서

거친 풀 욱은 무덤 이리도 쓸쓸한데
제철 맞아 실솔이는 묵은 비를 두고 운다
해가 지자 가뭇없이 안개 걷힌 골짜구니
이슬 개어 맑은 날씨 기럭 소리 나는 하늘
화석정(花石亭) 섶 언저리의 시내는 거울인데
백운산(白雲山) 기슭에서 벼는 익어 금차같다
몸을 닦아 나라 섬겨 그 무엇이 되단 말가
한 시대를 빛낸 선비 땅 밑에 누워 있다

율곡(栗谷) : 이이(李珥)(1536~1584). 이조 중기의 성리학자. 자 숙헌(叔獻), 호가 율곡, 본관 덕수(德水). 강릉에서 태어남. 모부인이 사임당 신씨. 명종 13년 문과에서 장원을 하고 황해감사를 거쳐 대사헌, 대제학, 이조판서, 좌찬성을 역임. 일찍 영남으로 퇴계를 찾아 성리학을 논의하고 퇴계의 이기이원론(理氣二元論)에 대해 이기호발설(理氣互發說)을 펼쳤다. 저작 『동호문답(東湖問答)』, 『성학집요(聖學輯要)』 등이 있다.
실솔(蟋蟀) : 귀뚜라미.
홍륜(紅輪) : 여기서는 붉은 빛을 띤 해를 가리킴.
화석정(花石亭) : 경기도 파주군 파평면 율곡리에 있는 정자. 율곡의 증조부 이명신(李明晨)이 건립한 것을 율곡이 증수하여 퇴관 후 수기찰물(修己察物)의 공간으로 사용했다. 정자 밑에 임진강 푸른 물이 흐르고 남쪽으로 삼각산이 보이는 자리에 있어 풍광이 좋기로 이름이 나 있다.
백운산(白雲山) : 포천군 이동면 도평리와 강원도 화천군 경계에 위치한 산. 광덕산, 박달봉(800m)와 연봉을 이루며 10여 km에 달하는 백운동 계곡은 풍광으로 이름이 높다. 그 골자기에 흥룡사(興龍寺)가 있고 선유암, 금병암, 취선대 등 절경이 있다.
유종(儒宗) : 유교를 궁구한 큰 선비. 여기서는 율곡을 가리킴.

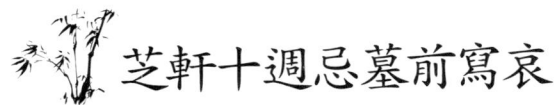
芝軒十週忌墓前寫哀

昨夜芝山細雨過
松濤十里意如何
岐峰寂寂鑿雲立
洛浦悠悠去帆多
六尺崇碑悲歲月
七旬行路恨風波
當年形影尋無處
杜宇聲中和淚歌

濤(도) : 큰물결 도, 조수, 쌀을 씻다, 비추다.
鑿(착) : 뚫을 착, 새기다, 구멍 조, 마음, 생각.
崇(숭) : 높을 숭, 존중하다, 모으다, 마치다, 오악의 하나.

지헌(芝軒)의 10주기에 무덤 앞에서 슬픔을 적다

간밤에 그대 고향 고운 비 지나갔다
10리라 솔바람에 가슴 속 어떠한가
아기봉 적적한 채 외톨 구름 솟아 있고
동강(東江) 나루 넘실넘실 돛단배가 떠나간다
여섯자 곧은 비석 지난 나날 애틋한데
일흔살 넘길 나이 못다 산 생 슬프구나
그리워라 생시 모양 찾아볼 길 없는 자리
두견이 울음 울어 나도 눈물 못 막겠다.

지헌(芝軒) : 김호길(金浩吉)의 호, 물리학자. 경상북도 안동군 길안면 지례(知禮) 출신(1933~1994). 서울대학교 문리과대학 물리학과 졸. 영국 버밍엄대학 이학박사. 미국 메릴랜드대학, 버클리대학 교수 역임. 포항공과대학 총장 재직 중 작고
지산(芝山) : 지례(知禮) 촌의 별칭. 마을 뒤에 산을 영지산이라고 하며 줄여서 지산이라고도 부른다.
송도(松濤) : 솔바람 소리.
기봉(岐峰) : 지례의 북쪽에 솟은 산. 본 이름은 아기봉(兒岐峰)임.
낙포(洛浦) : 낙동강 기슭의 포구.
숭비(崇碑) : 높이 솟은 비석.
칠순행로(七旬行路) : 지헌은 60세를 넘기자 곧 작고했다. 10주기를 살았으면 그 나이 칠순이 되기에 이렇게 말해본 것이다.
두우(杜宇) : 두견, 소쩍새.

 君子里隆冬懷古

吾鄕冬月正疎虛
野渡朔風鳴似狐
洞口昆松奇若刻
峰頭片月利如屠
東流洛水連雲碧
北鎭淸凉戴雪孤
悠遠箕裘尙在處
三更鴻雁夢廻初

狐(호) : 여우 호.
昆(곤) : 맏 곤, 뒤, 다음, 자손, 많다, 벌레, 산 이름.
屠(도) : 잡을 도, 흉노족왕 저, 무찌르다, 가르다, 지명, 성.
戴(대) : 일 대, 느끼다, 널을 묶는 끈, 탄식하다, 받들다.
裘(구) : 갖옷 구(털가죽옷).

군자리(君子里)의 한겨울

한겨울 내 고향 땅 허량하고 쓸쓸하다
들판 지난 마파람이 여우인양 울고 가네
동구 입새 노송나무 공수(工倕)의 성녕이요
봉머리 조각달은 푸른 날 선 작두련 듯
동으로 가는 낙동(洛東) 구름 섶에 푸르르고
북녘에 솟은 청량(淸凉) 눈을 인 채 우뚝하다
가뭇해라 부조사업(父祖事業) 이렇듯 끼친 터전
밤이 깊어 팔을 베자 선잠 서리 꿈이 온다

군자리(君子里) : 안동군 예안 속칭 외내(烏川)의 별칭. 구 예안현 남쪽, 낙동강 서쪽 기슭에 자리한 광산김씨의 집성촌이었으나 1970년대의 안동댐 건립과 함께 수몰지구가 되었다. 지금 군자리는 옛 마을의 북쪽 산 중턱에 이건되어 있다. <오천문화유적지(烏川文化遺蹟地)>
회고(懷古) : 옛 자취를 돌이켜 생각함.
공수(工倕) : 중국 요임금 때의 건축가. 그의 솜씨가 하도 훌륭하여 집을 짓고 목수일을 하면 사람들이 사람이 만든 것이 아니라 귀신이 한 일이라고 찬탄했다.
곤송(昆松) : 큰 잣나무.
기구(箕裘) : 부조의 가업을 이어감.

先考六十周忌志感

早世英明適亂離
挺身抗敵外安危
風餐北塞宣長檄
露宿西邊揭義旗
有計潛行千里許
無情被逮十年支
傍人休問荊軻事
燭淚床前莫制悲

檄(격) : 격문 격, 편지, 빼어나다, 빠른 모양.
揭(게) : 들 게, 걸어두다, 지다, 표시, 표지, 기다란 모양, 풀 이름.
潛(잠) : 자맥질 잠, 땅 속을 흐르다, 잠기다, 몰래, 깊다.
逮(체) : 미칠 체, 잡다, 보내다.
支(지) : 가를 지, 가지, 지탱하다, 팔 다리, 간지(干支) 지.
荊(형) : 모형나무 형, 가시나무, 매, 다스리다, 땅 이름, 나라, 자기 아내를 말할 때의 겸칭 형처(荊妻).
軻(가) : 굴대 가, 일이 뜻대로 되지 않다, 맹자(孟子)의 이름.

아버님 가신지 60주년이 되는 해 제삿날에

소싯적 영명해도 난리를 만나셨고
몸 바쳐 적과 겨뤄 한 몸 안위(安危) 무릅썼다
헛배로 지낸 북새(北塞), 적을 치자외치시고
한뎃잠 서도(西道)에서 의기(義旗)를 드시었다
방략 세워 몸을 숨겨 천리 길 달렸는데
무정해라 몸이 묶여 옥살이로 10년 세월
사람들아 묻지 마라 원수 찾아 싸우신 일
눈물 짓은 촛불 상모 슬픔이 출렁댄다

선고(先考) : 돌아가신 아버님 김남수 선생. 이 책 절구부 「선고민족운동공훈추서고유성묘(先考民族運動功勳追敍告由省墓)」 주석란 참조.
정신항적(挺身抗敵) : 한 몸의 안위를 돌보지 않고 적과 맞서 싸움.
북새(北塞) : 북쪽의 변방. 험한 땅. '塞'는 평상 '색'으로 발음하나 문장 가운데 쓰이면 '새'로 읽힌다. 여기서 '북새'는 평안도와 함경도 국경지방을 가리킨다.
피체십연지(被逮十年支) : 아버님은 평생 일제에 의해 10여 차례 구금 투옥당하셨다. 그것을 합하면 두 자리 숫자에 이르기에 이렇게 말한 것이다. '支'는 12지를 뜻하여 1년간을 가리키기도 한다.
형가(荊軻) : 춘추전국시대의 사람(?~227BC). 위(衛)나라 출생으로 연(燕)의 태자 단(丹)의 부탁을 받고 진나라의 서울 장안에 가서 진시황을 암살하려 했다. 진시황이 그의 칼을 기둥을 돌며 피하여 대사가 이루어지지 못했다.

 ## 聞日本獨島領有權主張不禁忿怒

浩浩東溟一嶼留
滄波萬里巨鯨遊
潮干雲破延烏日
霜落風飛提上秋
巖石猶存桓解脈
魚龍豈吞島夷鉤
時聞舊寇兇侵計
應有神靈消國愁

嶼(서) : 섬 서.
鯨(경) : 고래 경, 들다, 쳐들다.
桓(환) : 푯말 환, 굳세다, 크다, 머뭇거리다, 무환자나무(낙엽교목).
豈(기) : 어찌 기, 즐길 개, 그 (말 어조사), 바라다, 일찍이.
吞(탄) : 삼킬 탄, 가로채다, 싸다, 경시하다.

일본(日本)이 독도영유권(獨島領有權)을 주장하기에 분노를 이기지 못하여

넓고 넓은 동해바다 섬 하나 떠 있는데
푸른 물결 만 리 길을 큰 고래가 지나간다
썰물 때면 하늘 개어 연오랑(延烏郞)의 해가 뜨고
서릿발 부는 바람 박제상(朴提上)의 가을오데
바윗돌에 뚜렷해라 단군 부여(扶餘) 이은 맥박
물고기며 미리들도 왜적 미끼 뱉어내라
이제 다시 옛 도적이 이 한섬을 노리느니
있으리라 한배검 뜻 나라 걱정 쓸어내리

독도(獨島) : 울릉도의 남동쪽에 있는 화산섬. 온 섬이 바위로 되어 있고 바다는 풍
파가 세어 접근이 쉽지 않다. 본래 우리 국토의 한 부분이었으나 노일전쟁 때
부터 일본이 영유권을 주장하여 지금까지 영토분쟁이 끊이지 않는다.
동명(東溟) : 동쪽 바다. 우리나라의 동해.
연오(延烏) : 연오랑. 신라 8대 아달라왕(阿達羅王)때 사람으로 세오녀(細烏女)와 부
부로 살았다. 하루는 바닷가에 나가 해초를 뜯었더니 바위가 그를 싣고 일본
으로 가버렸다. 왜국 사람들은 그를 기이하게 여겨 왕으로 추대했다. 그가 떠
나간 후 세오녀 역시 바닷가에 나갔다가 그의 신발을 보고 슬퍼하자 역시 바
위가 그녀를 싣고 왜국으로 갔다. 연오랑 세오녀가 떠나간 다음 신라에서는
해가 빛을 잃는 괴변이 일어났다. 이에 나라에서 사신을 보내 부부의 귀국을
종용했으나 뜻과 같지 못했다. 이때 연오랑이 그들의 귀국 대신 세오녀가 짠
비단을 신라에 보내고 하늘에 제사를 지내라고 전했다. 그의 말을 듣고 신라
에서 그대로 했더니 하늘의 해가 다시 빛을 되찾았다.『삼국유사』에 나오는
이야기로 지금 우리는 그것을 잠사와 비단 직조 기술 전파 설화로 해석한다.

제상(提上) : 박제상(朴堤上). 신라 눌지왕 때의 충신. 고구려에 볼모로 잡힌 왕제 부호를 데려오고 다시 왜국에 가서 인질로 잡힌 미사흔(未斯欣)을 계략으로 탈출하게 만들었다. 일본 왕이 노하여 그를 고문하면서 항복하면 벼슬을 내릴 것이라고 했으나 오랑캐의 재상이 되기보다 신라의 개가 되어 죽겠다고 외치고 순국했다.

환해(桓解) : 환웅(桓雄)과 해모수. 곧 우리 민족의 시조들을 뜻함. 출전 위당 전인보 「순국선열추념문(殉國先烈追念文)」.

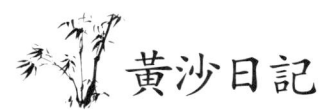 黃沙日記

滿眼黃沙日不輝
山村水廓總稀微
家家閉戶人轅絶
曲曲掩衢塵土飛
北斗杳茫經緯暗
東溟渾沌晝宵違
昭昭上帝非無意
變作甘霖春草肥

廓(곽) : 둘레 곽, 클 확, 외성, 너그럽다, 바로잡다, 찰집.
轅(원) : 끌채 원, 수레.
掩(엄) : 가릴 엄, 닫다, 감싸다, 숨기다, 불의에 치다, 향기가 짙은 모양, 엄엄(掩掩).
衢(구) : 네거리 구, 길, 갈림길, 서로 엉클어져 뻗은 나뭇가지.
緯(위) : 씨 위, 가로실, 줄기, 짜다, 별, 묶다.
宵(소) : 밤 소, 작다, 닮다, 생명수, 같은 밤의 뜻을 가진 자 '주(晝)'를 쓰는 자리에
  宵를 쓰는 것은 평측 때문임.
霖(림) : 장마 림, 비가 그치지 않는 모양, 림림(霖霖).

황사가 내리는 날 적다

어득해라 모래바람, 해를 가려 빛을 잃고
산마을 물가 집들 모두가 희미하다
집집마다 닫힌 문에 사람 자취 끊어지고
거리거리 막힌 길에 티끌 먼지 나는구나
북두성(北斗星) 가렸으니 세상 경위 알 길 없고
동해바다 뒤틀리어 밤과 낮 엇바뀐 듯
하늘 계신 옥황상제 뜻하신 바 있으리니
고쳐 내린 감로비로 봄 풀 흠씬 키우소서

인원절(人轅絶) : 사람이나 수레가 다니지 않음. 거리에 왕래가 끊어졌음을 말한다.
북두(北斗) : 북두칠성.
경위(經緯) : 씨와 날. 경도와 위도. 경위암(經緯暗) : 일이 되어가는 경로나 경과가 모두 어득해지는 상태를 가리킴.
소소(昭昭) : 밝은 모양. 환하고 뚜렷하다의 뜻.

 電視器上見洛山寺被火燒失

飆風劫火燉山門
叫號人民遍幾村
壁面蓮花歸幻夢
閣中貝葉化塵昏
義湘臺上天無色
調信堂前僧失魂
生滅廢興難可識
佛家緣起復何論

飆(표) : 회오리바람 표, 폭풍, 흐트러지다.
燉(훼) : 불 훼, 타다.
遍(편) : 두루 편, 처음에서 끝까지, 음악의 가락 이름.
湘(상) : 강이름 상, 삶다, 호남성의 옛 이름.

TV에서 낙산사가 불타오르는 것을 보고

회오리에 큰 불길이 산문을 불태운다
아우성 속 남녀노소, 재난촌(災難村)은 몇몇 곳가
벽 위의 연꽃은 헛븐 꿈이 되어 있고
다락 속 불경들은 띠끌 먼지 되었구나
의상대의 그 하늘은 빛을 잃어 말이 없고
조신(調信)이 거처한 집, 스님들은 넋 나갔네
죽음과 태어남을 어느 누가 다 알리야
부처님의 연기 법식 헛브고 헛브구나

낙산사(洛山寺) : 강원도 영양 바닷가에 있는 절. 신라 문무왕 때 의상(義湘)이 창건한 것으로 층암 절벽 위에서 동해를 바라볼 수 있어 풍광이 좋기로 이름이 높다.
표풍(飆風) : 회오리바람. 사납게 부는 바람.
겁화(劫火) : 불교 용어로 세계가 온통 뒤덮일 정도로 사납게 일어나는 불을 뜻한다.
패엽(貝葉) : 패다라의 잎사귀에 새긴 경문. 뜻이 바뀌어 모든 경문을 말하게 되었다.
의상(義湘)(625~702) : 신라 문무왕 때의 고승(625~702). 당나라에 건너가 화엄(華嚴)을 공부하고 귀국 후 왕명을 따라 영주 부석사(浮石寺)를 세우고 화엄종을 열었다. 신라 전국 열 군데에 화엄종 사찰을 세웠으며, 수많은 제자를 길러 내었다. 시호 원교국사(圓敎國師), 저서에 『화엄일승법계도(華嚴一乘法界圖)』가 있다.

조신(調信) : 생몰연대가 미상인 신라의 승려. 경주 세달사(世達寺)의 중이었는데 강릉 장원(莊園)의 관리인이 되어 그곳에 내려갔다. 거기서 군수의 딸에 매혹되어 사랑을 이루게 해달라고 낙산사의 대비관음상에게 빌었다. 그 후 군수의 딸이 이미 출가했음을 알고 비관하여 관음상 앞에 나가 원망을 하다가 잠에 빠졌다. 꿈속에 그는 군수의 딸과 사랑하게 되어 살림을 차렸으나 구차한 살림에 아들딸을 모두 잃고 유리걸식 신세가 되어버렸다. 슬피 울다가 일어나니 한바탕 꿈이었다. 『삼국유사(三國遺事)』에 이런 일들이 적혀 있어 후세에 사람들이 조신몽이라고 했다. 여기서는 그가 거처하던 집을 조신당이라고 한 것이다.

 # 丙子殉國吳達濟學士墓前志感

學士遺塋翳荻蓬
寥寥峰麓麥秋風
雲籠堦下諸芝草
苔老碑前兩石翁
向主誠忠金鐵貫
撐天義氣斗牛中
英靈不碍關山路
萬里遼河咫尺同

塋(영) : 무덤 영, 경영하다.
翳(예) : 일산 예, 가리개, 방패, 물리치다, 숨다, 눈이 침침해지다.
寥(료) : 아득할 료, 간직할 력.
籠(롱) : 대그릇 롱, 화살통, 수레 굴대, 포괄하다, 풀이름, 축축해지다.
堦(개) : 섬돌 개, 사닥다리, 품계, 인도하다, 이끌다, 階와 같은 자.
碍(애) : 礙의 속자, 거리낄 애, 가로막다, 한정하다.

병자년 숙국한 오달제(吳達濟) 학사의 묘 앞에서

곧은 선비 묻힌 무덤 억새 다북 욱어 있고
쓸쓸한 산자락에 보리누름 바람 분다
구름 쌓인 층계 아래 향초는 자랐는데
이끼 덮인 빗돌 앞에 문무석이 맞서 있다
임 향한 일편단심 금석 마냥 변치 않아
하늘 찌른 그 의기는 북두, 견우 짝이었지
뚜렷해라 님의 그 넋 제 땅 타관 안 가리고
만리길 요동땅도 단숨에 오고갔다

병자순국(丙子殉國) : 병자호란(인조 14년) 때 나라를 위해 죽음.
오달제(吳達濟 1609~1637) : 조선왕조 인조 때의 문신. 3학사의 한 사람으로 청나라의 노략질에 맞서 결사항전을 주장하다가 심양에 끌려갔다. 윤집(尹集), 홍익한(洪翼漢) 등과 함께 끝내 항복을 거부하고 순국했다. 문에 능하고 그림을 그려 「묵매도(墨梅圖)」 두 점이 전한다. 사후 영의정에 추증되었으며 광주의 절현사(節顯祠)에 제향되었다.
유영(遺塋) : 끼친 무덤.
요요(寥寥) : 쓸쓸한 모양.
맥추(麥秋) : 보리가 익은 철.
두우(斗牛) : 북두칠성과 견우성.

〈成都紀行〉

 成都懷古

麥浪連空風籟輕
行吟不覺日西傾
薛濤碑下傷心事
望帝祠前吐血情
天府坊坊雲架好
錦江曲曲畵圖成
殊邦興趣無窮裏
回首東方纖月生

籟(뢰) : 소리 뢰, 세 구멍 퉁소.
薛(설) : 승검초 설, 담쟁이 폐, 깨질 박, 수초의 이름.
纖(섬) : 가늘 섬, 고운 비단, 잘다, 가는 실.

〈성도기행〉
성도에서 옛 일을 그리며

보리이랑 하늘 결에 바람소리 시원한데
읊조리는 옛 글귀에 서쪽 하늘 해가 졌다
설도(薛濤)의 시비(詩碑) 아래 마음은 여울지고
망제(望帝)의 사당 앞에 두견이가 피뱉았다
옛 서울 거리거리 구름같은 높은 집들
비단강 굽이굽이 풍경은 그림같데
어절사 좋을시고 남의 땅 이 맛 경치
고개 들어 바란 동녘 실낱같은 달이 뜨네

성도(成都) : 이 책 절구부 「성도무후사(成都武侯祠)」 주석란 참조.
맥랑(麥浪) : 보리나 밀이 바람에 물결처럼 일렁이는 모습.
설도(薛濤 768~831) : 중국 중당의 여류시인. 촉 지방(사천성)에 벼슬한 아버지를 따라 성도에 갔으나 거기서 아비가 죽자 영락하여 기녀가 되었다. 타고난 재주로 원신(元稹), 백거이(白居易), 두목(杜牧), 유석우(劉錫禹) 등과 시를 주고받았으며 재치 있는 말솜씨로 갖가지 일화를 남겼다. 『금강집(錦江集)』을 끼치며 그의 작품 「동심초(同心草)」는 김억의 번역이 가곡화되어 한국에서 널리 애송된다.
망제(望帝) : 죽어서 두견이가 되었다는 촉나라 왕 두우(杜宇)의 호.
금강(錦江) : 성도 앞을 흘러가는 양자강 상류.
수방(殊邦) : 제 나라가 아닌 남의 나라. 이국(異國).

〈中國四川省紀行〉

九寨溝遊覽

岧嶤峰嶂鎖雲烟

古塞已墟成麥田

雪寶山前輝巨塔

<small>在牟尼溝西北山頂. 其入口有江澤民
揮毫碑文 曰紅軍業績萬古流芳.</small>

岷江流外杳帆船

奔騰飛瀑向天吼

屈强蒼松依壁連

無限風光那可說

忘神沒我若童年

寨(채) : 울타리 채, 작은 성.
岧(초) : 산높을 초.
騰(등) : 치솟을 등, 높은 곳으로 가다, 값이 비싸지다, 올리다, 타다.
吼(후) : 울 후, 아우성치다, 크게 노한 소리.

〈중국 사천성(四川省) 기행〉

구채구(九寨溝)를 돌아보고

높디높은 묏부리는 구름에 가렸는데
옛적 성채 허문 터전 보리밭이 되어 있네
설보산(雪寶山) 그 앞에는 우뚝한 탑이 하나

> 모니구(牟尼溝)의 서북쪽 산마루에 있는데 그 입구에
> 강택민(江澤民)이 쓴 '홍군의 남긴 자취, 만고에
> 향기를 끼치다'라는 비문이 적혀있다.

민강(岷江) 물 흘러흘러 돛단배가 가뭇없네
지동치는 폭포물이 하늘 향해 소리칠 제
용트림인 푸른 솔은 석벽 끝에 줄을 섰다
어절사 이 맛 풍광 어느 누가 다 이르랴
저절사 마음 앗겨 때때옷 적 내가 됐다

구채구(九寨溝) : 중국 사천성 북서부에 있는 장족(藏族) 자치주의 한 구역. 민산(岷山) 산맥의 남측에 있으며 양자강 수계(水系)인 가릉강(嘉陵江) 원류지역에 자리하고 있는 경승지구이다. 국가급 명승구와 황룡국가 풍경명승구로 나눠지는데 전자에는 13.8Km에 걸친 골짜기에 해자(海子)라고 하는 고산호수가 40여 개나 있다. 그 물들은 옥색, 진초록 등 물감을 들인 것 같고 기암절벽에 쌓인 산 속에 고산식물이 자라 태고의 신비를 간직한다. 후자는 총 길이가 7.5Km, 폭 350m의 골짜기로 되어 있으며 평균 해발 3,000m다. 남쪽에 높이 솟은 옥취봉(玉翠峰-5,160m)과 그 주변에 솟은 산에서 녹은 눈이 골짜기로 흘러들어 호수를 이루고 있는데 그 수질이 다량의 탄산칼슘을 포함하고 있어 호수 바닥과 기슭은 유백색(乳白色)이 되어 환상적인 풍경을 펼친다.
초요(岧嶤) : 산이 높은 모양.   쇄운연(鎖雲烟) : 구름과 연기로 갇혀 있음.
설보산(雪寶山) : 송번(松潘)에서 구채구로 가는 길 동북쪽에 보이는 산
향천후(向天吼) : 하늘을 향해 소리침.   약동년(若童年) : 어린 아이와 같이의 뜻.

宣城秋興
乙酉白露節

一夕秋風萬里情
晨朝馳轂到宣城
長松守谷雲煙合
荒草埋墳歲月更
禹老碑前黃菊發
清凉峰上白雲生
箇中自有安心事
只願時人不與爭

轂(곡) : 바퀴통 곡.
埋(매) : 묻을 매, 메우다, 희생을 묻다, 숨기다, 영락하다.

선성(宣城)의 가을
을유년 백로절

하룻밤 가을바람 그리움은 만리인데
신새벽에 수레 달려 내 고향에 이르렀다
큰 솔이 욱은 골짝 연기는 자욱하고
거친 풀에 묻힌 무덤 지난 세월 새롭구나
우역동(禹易東) 비석 앞에 들국화 피어있고
청량산 봉우리엔 흰 구름 일어난다
어절사 좋을시고 근심 걱정 사라진다
다만당 원하느니 시비 없이 살아가길

선성(宣城) : 안동군 예안현의 구호. 자세한 내용은 이 책 절구부 「등탁청정(登濯淸亭)」 주석란 참고.
치곡(馳轂) : 수레바퀴통을 달리게 하여의 뜻
우로(禹老) : 역동 우탁(易東 禹倬)을 가리킴. 고려 충선왕(忠宣王)때의 학자(1263~1343). 자 천장(天章). 개성에 나가 벼슬하여 성균관 제주를 지낸 다음 주역을 연구하였고 우리나라에 처음 정자(程子)와 주자(朱子)의 이론을 수용한 공로자. 만연에 안동 예안현 지삼의(知三宜)에 살아서 지금도 북쪽 산록에 유허비가 있다.
청량(淸凉) : 청량산. 경상북도 봉화군과 안동군 접경에 있는 산. 높이 870m. 산중턱에 청량사와 김생(金生)이 수도했다고 전하는 김생굴, 퇴계 이황(退溪 李滉)이 수학한 오산당(吾山堂)이 있다. 봄의 철쭉, 가을의 단풍이 이름 높으며 여러 명사의 글 제재가 된 곳이다.

 ## 乙酉秋訪陶山望遠村舊趾

日晚陶山雲影斜
素煙生塢見農家
丹砂壁下迆苔迤
王母城前笑野花
十里松濤高士韻
半瓶精水玉泉茶
詩人一去秋天遠
何處歸鴻共作譁

　　　詩人李陸史 遠村胎生故及之

趾(지) : 발 지, 발자국, 걸음걸이, 터, 끝.
塢(오) : 둑 오, 성채, 마을.
迆(타) : 비스듬할 타, 연해있는 모양, 굽다, 길게 뻗어있는 모양.
瓶(병) : 병 병, 두레박, 시루.
譁(화) : 시끄러울 화, 바뀔 와.

을유년 가을 도산을 방문하여 원촌(遠村)의 옛 자리를 바라보며

해가 지는 도산 땅에 구름 자취 빗겨 있고
연기 피는 언덕에는 농사꾼 집 바라뵌다
붉은 빛깔 벼랑 아래 이끼 덮인 길이 나고
왕모성(王母城) 자락 앞에 들국화가 피어있네
10리라 솔소리는 높은 선비 가락인데
반병 남짓 맑은 물은 옥돌 샘물 끓인 그 차
덧없어라 시인 가고 가을 하늘 이리 멀고
어느 곳서 온 기럭가 상없이도 울음 운다

> 시인은 이육사(李陸史)를 뜻하는 바
> 원촌에서 태어났기에 언급한 것이다

원촌(遠村) : 안동군 도산면 진성이씨 퇴계 후손의 집성촌 가운데 하나. 이육사(李陸史)의 출생지이기도 하나 1970년대 중반 안동댐 건설로 수몰지구가 되었다.
단사벽(丹砂壁) : 원촌 조금 상류 낙동강 동쪽의 절벽. 그 빛깔이 붉은 빛을 띠고 있어 이런 이름이 붙었다.
왕모성(王母城) : 도산 원촌 마을 건너편 산 위에 있는 옛 성터. 홍건적의 때 안동에 피난 온 공민왕이 쌓았다고 전한다.
시인일거(詩人一去) : 시인이 한 번 가고 나자의 뜻. 여기서는 이육사를 가리킴.

 ## 先考抗日獨立運動紀績碑除幕
逝去六十周年 乙酉十一月十二日建立
除幕於安東君子里廣場

霜落深秋風荻哀
新碑九尺淚難裁
長長洛水無情逝
嶷嶷淸凉與日開
抗敵挺身先考事
設壇奉祀後孫臺
堪嗟人去山河復
香火床前老燭堆

荻(적) : 억새 적, 갈대.
嶷(억) : 높을 억, 산이름 의.
堪(감) : 견딜 감, 뛰어나다, 하늘, 싣다, 즐기다.

아버님 항일독립운동 기적비를 제막하고 나서

돌아가신지 60주년이 된 해 을유년(2005년) 11월 12일 세우고 제막식을 가졌으니 우리 고장인 안동땅 예안의 군자리 광장이었다.

서릿발 속 가을 깊어 억새가 슬피 운다
아홉 자 새로선 비 눈시울이 젖어드네
낙동강 길고길어 하염없이 흘러가고
청량산 저리 높아 해를 겯고 솟았구나
왜적 치다 몸을 바친 옛 아버지 그리움에
남은 자손 잔 드리는 제삿자리 이 언덕아
느껴워라 님은 가도 예대로인 산과 가람
향불 피운 상머리에 잔촉(殘燭)만 쌓여간다

선고(先考) : 작고한 아버님, 여기서는 선친인 김남수(金南洙) 선생을 가리킴. 이 책 절구부 「선고민족운동추서고유성묘」 주석란 참조.
상락(霜落) : 서리가 내리고 날씨가 추워진 때를 가리킴.
낙수(落水) : 낙동강. 자세는 이 책 율시부 「낙동강」 참조.
억억(嶷嶷) : 높이 빼어난 모양. 덕이 높은 모양. 여기서는 전자로 억연(嶷然)과 같은 뜻.
청량(淸凉) : 청량산.
감차(堪嗟) : 헛브다, 느껍다 등의 뜻.

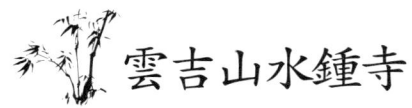 ## 雲吉山水鍾寺

一條山徑試廻巡
風磬空鳴木鐸頻
萬里歸鴻拖落照
千秋石塔外騷人
臨川洗耳許由跡
登塢望鄉子美春
水性雲心誰可說
却憐僧榻淨無塵

磬(경) : 경쇠 경, 비다, 목 매어 죽다, 말을 달리다.
鐸(탁) : 방울 탁, 풍경, 독을 바른 창.
頻(빈) : 자주 빈, 물가, 급박하다, 친하다, 콧날 찡그리다.
拖(타) : 끌 타, 풀어 놓다, 빼앗다.
榻(탑) : 걸상 탑, 배(布)의 이름, 본뜨다.

운길산 수종사

외오난 산길 있어 휘돌아 내가 가고
제풀에 우는 풍경 목탁도 소리 잦다
만리 길을 온 기럭은 저녁노을 거느렸고
천추라 묵은 돌탑 소리패를 외다한다
맑디맑은 시냇물에 귀를 씻은 허유(許由) 자취
언덕 올라 고향 그려 두자미(杜子美)가 느낀 봄아
물인 듯 구름인양 그런 삶을 뉘 말하랴
느껴워라 대덕(大德) 상모 티끌이 바이없다

운길산(雲吉山) : 경기도 양수리 북쪽에 있는 산. 남록에 수종사가 있다.
허유(許由) : 고대 중국의 전설에 나오는 인물로 자 무중(武仲). 요(堯) 임금이 제위(帝位)를 물려주려고 하자 단호하게 거절했을 뿐 아니라 그런 소리를 들은 귀가 더럽다고 하여 기산(箕山) 영수(潁水)에 가서 귀를 씻었다. 마침 그 소리를 들은 그의 친구 소부(巢父)는 귀를 씻은 물이 더럽다고 하여 몰고 가던 소를 상류로 끌고 가서 물을 먹였다고 한다.
자미(子美) : 당나라의 큰 시인 두보(杜甫)의 자.
수성운심(水性雲心) : 운심수성이라고 더 많이 쓰며 구름 같은 마음, 물 같은 성품으로 어느 일에도 구애받지 않고 자유인으로 사는 것을 뜻한다.
대덕(大德) : 덕이 크고 높음. 흔히 덕이 높은 사람을 가리키며 고승대덕(高僧大德)이라고 하여 큰 스님을 뜻한다.

 乙酉除夕

歲杪殊方心自傷
開窓望雪訝沙場
三更聞鴈家山遠
四壁吟蛩几案凉
擧目南天星宿遍
回頭北地霧雲長
傍人莫問窮年事
惟冀元朝耀瑞光

杪(초) : 끝 초, 작다, 가늘다, 스치다.
訝(아) : 막을 아, 의심하다.
几(궤) : 안석 궤, 제향에 쓰는 기구, 책상, 사물의 왕성한 모양.
冀(기) : 바랄 기, 지명.

을유년 그믐날 밤에

타향에서 맞는 세모 마음이 허량하다
창을 열고 눈을 보니 모래톱이 이 아닌가
한밤의 기럭 소리 고향은 하늘 저쪽
네 벽에는 우는 실솔, 책상이 서늘쿠나
남녘하늘 우러르니 별들만 가득한데
바라보는 북녘 땅에 안개구름 자욱하다
사람들아 궁상맞은 살림살이 말을 말자
다만당 새해새날 밝은 햇살 맞고지고

세초(歲杪) : 한 해의 끝 무렵, 세말(歲末).
사벽유공(四壁有蛩) : 네 벽에 가을벌레 소리가 들리다.
원조(元朝) : 정월 초하룻날. 한 해의 시작.

 驪州神勒寺

地平天遠水流遲
黃利禪門望見時
鳳尾山佳連艾色
懶翁堂古保蓮姿
野梅已綻含紅態
土蟹初遊藏紫肌
風性雲心誰可斥
乍聞長笛折楊枝

　　黃利. 黃驪也驪州之舊號

艾(애) : 쑥 애, 늙은이, 오래다, 지내다, 나이, 아름답다, 깊다, 이르다, 서로 보다,
　　　　다스리다, 편안하다.
懶(뢰) : 게으를 뢰, 미워하다.
綻(탄) : 옷터질 탄, 봉오리가 벌어지다, 터지다, 깁다.
蟹(해) : 게 해.
肌(기) : 살 기, 피부, 몸.

여주 신륵사

넓은 들판, 먼 하늘에 강물은 느릿한데
여주땅 오랜 절집 내가 이리 바라본다
봉미산 아름다히 쑥색으로 물들었고
뇌옹화상 마루집엔 연꽃 그림 남아 있네
들매화는 벙그러서 붉은 빛이 완연하고
논 게는 갓 나와서 자줏빛 살 내비친다
바람처럼 구름인양 살고 싶은 마음임에
문득 들은 버들피리 가녀린 그 소리여

   황리(黃利)는 황려(黃驪)로 여주의 옛 이름이었다.

여주 신륵사(驪州 神勒寺) : 경기도 여주군 북내면 천송리 봉미산 기슭에 있는 절. 신라 진평왕 때 원효가 창건했다고 전함. 경내 동대에 다층 전탑은 신라시대의 것으로 보물. 절 문 앞에 한강이 흐르고 강 건너에 넓은 백사장이 펼쳐져 풍광을 자랑한다.
봉미산(鳳尾山) : 신륵사의 뒷산.
나옹당(懶翁堂) : 나옹(懶翁)은 고려 말기의 중(1320~1376). 속성은 아(牙)로 승명 혜근(惠勤), 나옹은 법호이다. 20세 된 해 출가하여 중국 원나라에 유학 법원사(法源寺)에서 인도의 고승 디아나바드라에게 배우고 귀국하여 공민왕 21년 왕사(王師)가 되었다. 보우(普愚)와 함께 우리나라 선종의 큰 승려로 한국 들교의 거목. 그가 신륵사에 머문 적이 있어 건물 하나를 나옹당이라고 한다.
풍성운신(風生雲心) : 수성운심(水生雲心)과 같은 말뜻으로 쓴 말. 무장무애의 심성을 가리킴.

 過中原平野

地闊風輕雲氣深
迎春花發擁山陰
橫空鷺羽爲誰舞
出谷泉聲和我吟
申砬臺前長麥穗
蒼龍寺下好松林
羈愁悄悄那能解
于勒遺墟獨自尋

闊(활) : 트일 활, 멀다, 넓다, 손쉽다, 간이, 사치를 하다.
砬(립) : 돌소리 립.
穗(수) : 이삭 수.
羈(기) : 나그네 기, 굴레.
悄(초) : 근심할 초, 고요하다, 엄하다.
勒(륵) 굴레 륵, 재갈, 억지로 하다, 새기다, 다스리다, 묶다.

충주평야를 지나며

땅은 넓고 바람 잔제 구름이 자욱하다
영춘화 피어나서 산자락을 휘덮었네
하늘 빗긴 해오라비 누굴 두고 춤을 추나
산골에 우는 샘물 내 노래와 짝이 된 듯
신립장군 싸움터에 보리 이삭 자라 있고
창룡사 아랫녘의 소나무 숲 좋을시고
나그네 품은 시름 누가 있어 풀어줄가
우륵(于勒)이 살던 터전 내가 혼자 살펴본다

중원평야(中原平野) : 충청북도 충주 일대의 평야
영춘화(迎春花) : 물푸레나무과의 낙엽관목. 가지가 옆으로 뻗으면서 땅에 닿으면 뿌리가 내린다. 봄에 황색 꽃이 잎보다 먼저 피며 중국이 원산지다.
신립(申砬) : 임진왜란 때의 전선 사령관. 새재를 넘어온 왜적 대부대를 충주 달내 강 앞에서 맞아 배수의 진을 치고 싸우다가 왜군의 압도적으로 강한 화력을 당하지 못하고 전사함.
창룡사(蒼龍寺) : 충주시에서 동남방으로 4km 가량 거리에 있는 절. 일명 죽정사(竹精寺) 또는 남산사(南山寺). 신라 문무왕 때 원효가 창건한 것으로 전한다.
우륵(于勒) : 신라 가실왕 때의 사람으로 3대 악성의 한 사람. 중국의 쟁(箏)을 본떠서 가야금을 만들고 하가라도(下加羅都), 상가라도(上加羅都) 등 12곡을 지었다고 한다. 충주 사람으로 551년 왕의 부름을 받고 경주에 가서 가야금을 연주했다.

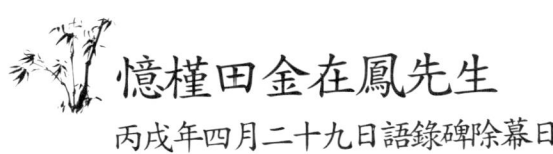

憶槿田金在鳳先生
丙戌年四月二十九日語錄碑除幕日

太白山南洛水西
名區五美絶塵泥
淸風掃地新碑立
白日行天翠塢低
臨難整容如峙岳
盡忠流血可成溪
焚香黙念散花後
人我忘歸相與携

翠(취) : 물총새 취, 꽁지살.
塢(오) : 둑 오, 작은 성, 마을.
携(휴) : 끌 휴, 들다, 떨어지다.

근전 김재봉 선생을 그리며
2006년(병술년) 4월 29일 어록비를 제막한 날

태백산 남쪽이요 낙동강을 서에 뒀다
오미동 이름난 곳 먼지, 티끌 바이 없네
맑은 바람 땅을 쓸어 새 빗돌이 우뚝하고
하늘에 백일(白日) 있어 푸른 둔덕 수긋하다
난리에도 그 모습은 산악처럼 묵중했고
충성으로 흘리신 피 냇물을 이루었다
향불 피고 부복하며 끼치신 뜻 기린 다음
우리 모두 나를 잊고 옛 님 그려 손 잡았네

근전 김재봉(槿田 金在鳳) : 경북 안동군 풍산면 오미골 출생(1890-1944). 1908년 대구 계성학교 졸업. 1913년 경성공업전습소 염직과 입학 수료. 3·1운동 참가 후 『만주일보』 기자로 있다가 1921년 1월 조선독립단 관계로 피체. 징역 6월을 선고받고 3개월 후 출옥, 곧 소련으로 망명. 1922년 1월 모스크바 극동 민족대회에 참가. 1923년 5월 조선공산당 중앙 총국의 국내 파견원으로 선임되어 입국. 신사상연구회에 참여하고 곧 서울에서 조선공산당 국내조직에 착수. 1925년 4월 조선공산당 창립, 초대 책임비서가 되었다. 그해 12월 제1차 공산당 사건으로 일제에 피체되어 징역 6년형을 받았다. 만기 출옥 후 일제의 감시 아래서 고향에 칩거, 1944년 3월 3일 사망. 2006년 4월 29일 그의 고향집 앞에 유족들이 어록비를 세웠다. 그 비면에 새긴 것이 「조선독립을 위함」 일곱 글자다. 이 시는 내가 그 자리에 참석한 다음 그 소감을 바탕으로 지은 것이다.
오미(五美) : 김재봉 선생의 고향마을, 오미동(五美洞).

# 丙戌流夏登映湖樓

巍然高閣對靑山
忘我憑欄心自閑
雨歇虛汀孤鷺立
雲橫古塔老僧還
東江片帆蒼茫外
西岳疎鍾杳靄間
最是風光如此好
回頭京兆一無關

巍(외) : 높을 외, 본래 음은 위.
憑(빙) : 기댈 빙, 의거하다, 붙다, 증거, 성하다.
歇(헐) : 쉴 헐, 다하다, 마르다, 그치다, 먼 모양, 휴업, 사람 이름.
靄(애) : 아지랑이 애, 구름이 모이는 모양.

병술년(2006년) 유하절(流夏節) 영호루에 올라

우뚝하다 높은 다락 푸른 산 마주했네
나를 잊어 기댄 난간 마음이 한가롭다
비가 그친 빈 모래터 해오라비 홀로선 데
구름 빗긴 옛적 탑을 돌아드는 늙은 스님
낙동강 돛단배는 가뭇없이 사라지고
서악사(西岳寺) 성긴 쇠북 내에 어려 아슴하다
어절사 이 맛 풍경 지화자 좋을시고
바라보는 한양 길은 탁 트여 막힘없다

영호루(映湖樓) : 이 책 절구부 「영호루회고(映湖樓懷古)」 주석란 참조.
외연(巍然) : 높고 우뚝한 모양.
동강(東江) : 낙동강. 이 책 율시부 「낙동강(洛東江)」 주석란 참조.
서악(西岳) : 서악산. 안동부 서쪽에 있으며 그 남쪽 기슭에 서악사(西岳寺)가 있다.
경조(京兆) : 중국 산서성 장안 일대를 관장하는 행정구역. 뜻이 바뀌어 한 나라의 수부, 서울을 가리킴.

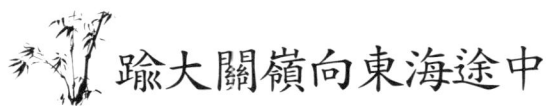 ## 踰大關嶺向東海途中

季夏晨朝辭漢城
旅程千里一天晴
穿雲越嶂秋蘭節
倚樹望鄕杜宇聲
彌矢嶺高遐眺矚
平昌江碧好風情
濊王故國誰能記
鏡浦臺邊紫霧生

穿(천) : 뚫을 천, 구멍, 헤어지다, 묘혈.
矚(촉) : 비출 촉.
濊(예) : 더러울 예, 잡초, 악하다, 우리나라 고대 국가 중의 하나, 穢로 쓰기도 한다.

대관령을 넘어 동해로 가는 길에

여름철 신새벽에 서울을 떠나왔다
토파 낸 길은 천리 하늘이 질푸르다
구름 뚫고 뫼 넘으니 여름은 끝자리요
나무 섶에 바람 고향 두견이 울음 울데
미시령 높고 높아 아랫세상 가뭇없고
평창강 질푸르러 풍광이 하 좋구나
예왕(濊王)의 그 옛 나라 누구가 적어낼까
경포대 기슭에는 보랏빛 안개 인다

대관령(大關嶺) : 강원도 명주군과 평창군 사이에 있는 큰 재. 서울과 영동지방을 잇는 관문 구실을 하며 자동차로 그 정상을 넘으면 동쪽으로 동해가 급어보여 조망이 아주 훌륭하다. 높이 865m.
미시령(彌矢嶺) : 강원도 인제와 공성군 경계에 위치한 고개. 표고 826m. 내설악과 외설악을 가르는 재. 예로부터 천험의 요해였으나 1960년 군부대의 장비를 투입하여 도로가 개통되었다.
평창강(平昌江) : 오대산 남서쪽에 있는 계방산(桂芳山)에서 시작하여 평창, 영월을 거쳐 한강에 합류하는 강. 직선거리 60km, 곡류로 220km를 흐르는 강으로 유역 일대의 풍광이 좋기로 이름이 있다.
예왕고국(濊王故國) : 예왕이 다스린 옛 나라. 함경도 일부에서 강릉지방까지 걸친 것으로 추정된다.
경포대(鏡浦臺) : 강원도 강릉 바닷가에 있는 누대. 관동 팔경의 하나로 풍광이 뛰어나 옛적부터 여러 시인, 문사가 소재로 다루었다.

 ## 近始齋先祖義兵大將紀績碑落成

世態如癡復若狂
先民遺績最蒼茫
招兵洛北炊殘雪
追敵嶺西啜廢塘
戎服終生魂化戟
精忠一轍骨猶香
如今莫使行蹤滅
感淚盈盈衆客床

癡(치) : 어리석을 치, 미치광이, 痴로도 쓴다.
炊(취) : 불땔 취, 불다.
啜(철) : 마실 철, 울다, 쉬지 않고 지껄이다.
戟(극) : 창 극, 찌르다.
蹤(종) : 자취 종, 뒤를 쫓다, 놓아 보내다.

근시재 선조의 의병대장 기적비 낙성

헛브다 오늘우리 속내 없고 어리석다
한아버님 끼친 자취 이리도 창망하니
군병 모은 영남(嶺南) 북녘 눈으로 요기하고
왜적 치신 태백(太白) 서쪽 도랑물도 드시었다
융복(戎服)으로 사신 평생 정신은 창찰되고
충성으로 엉긴 마음 뼈조차 향(香)이 났네
사람들아 잊지 말자 가신 님 걸으신 길
뜨겁게 솟는 눈물 사람마다 한결같다

근시재(近始齋) : 김해(金垓)(1555~1593). 안동군 예안 광산김씨 집성촌 외내 군자리 출신. 자 달원(達遠), 호가 근시재. 임진왜란이 일어나자 의병을 일으켜 영남 북부에서 대오를 편성, 북상하여 서울을 함락시키고 평안도, 함경도에 이른 적군의 후방을 교란하였다. 예천, 상주, 의성 등 여러 지역으로 전구(戰區)를 확대하고 적을 유인, 공격하여 공이 있었으나 몸을 몹시한 탓으로 병을 얻어 경주 진중에서 전몰하셨다. 1595년 홍문관수찬, 1893년 이조판서로 추증서 되었으며 2007년 봄에 문중과 유지들의 성금으로 고향마을 광장에 기적비를 세웠다.
낙북(洛北) : 낙동강 북쪽. 안동, 영주, 봉화, 영양, 청송, 예천, 의성, 군위, 상주 등 경상도의 북쪽을 가리킨다.
영서(嶺西) : 태백산의 서쪽, 또는 강원도 대관령 서쪽. 여기서는 전자를 가리킨다.
영영(盈盈) : 가득 차서 넘치는 모양. 여자의 용모가 곱고 아름다운 모양.

 ## 丙戌晚秋訪注谷芝薰故宅

寂寞門庭晝掩扉
秋風蕭瑟孰吟詩
半邊川碧楓光好
日月峰高雲影遲
聞鴈長空情奈盡
橫烟故郡恨胡爲
回頭欲問平生事
千古青山外是非

薰(훈) : 향기 훈, 그을다, 태우다, 피우다, 온화하다, 공훈.
掩(엄) : 가릴 엄, 닫다, 감싸다, 그치다, 바로잡다.
孰(숙) : 누구 숙, 어느, 익다, 어느 쪽이냐, 도탑다.
胡(호) : 턱밑살 호, 멀다, 오랑캐 이름, 어찌, 예기 이름.

병술년(2006년) 늦가을 주실마을의 지훈고택(芝薰故宅)을 찾아서

헛브다 님의 집 뜰 한낮인데 문 닫혔네
소슬한 가을바람 어느 분이 시를 읊나
반변천(半邊川) 푸른 물결 단풍바위 빗겨 좋고
일월산(日月山) 마냥 높아 구름도 쉬어간다
먼 하늘 우는 기럭 정은 일어 다함없고
연기 피는 옛 고을에 무슨 한이 이러한가
고개 들어 세상살이 알고저 해보아도
천고(千古)에 푸른 산은 옳다 외다 말이 없다

지훈(芝薰) : 조동탁(趙東卓)(1920~1968). 경상도 영양 주실 출생. 일제 말기 정지용의 추천으로 『문장(文章)』을 통해 등단. 8·15 직후 박목월, 박두진 등과 공동시집 『청록집(青鹿集)』을 내어 청록파로 일컬어짐. 한국적인 정조에 한시의 어세와 가락을 바탕으로 한 작품들을 써서 독특한 세계를 이룩했다. 6·25 전쟁 이후는 시대 상황에 대해 강한 비판정신을 담은 글을 발표, 이와 아울러 한국문화 전반에 걸친 지식을 지니고 있었다. 고려대학교 교수로 재직 중 숙환으로 작고. 일지사(一志社)에서 『조지훈 전집』이 간행되었다.
반변천(半邊川) : 낙동강의 지류 가운데 하나로 영양 일월산(日月山)에서 시작되어 안동부 앞에서 본강과 합류한다.
일월봉(日月峰) : 일월산. 경상북도 양양군 청기군과 일월면 사이에 솟아 있는 산. 높이 1919m 낙동의 한 지류인 반변천이 이 산에서 발원하여 안동시 동쪽에서 본강과 합류한다.

 電視器中見黃眞伊獨舞

舞袖飜空似鳥人
伴雲着地作花身
無端聲律思君曲
一去情郞侍帝臣
流水和琴連北廓
浮霞入笛向東辰
雖云有弊梨園事
脫俗風騷超陋貧

飜(번) : 날 번, 버드치다, 뒤집다, 번역하다.
弊(폐) : 해질 폐, 섞일 별, 넘어지다, 나쁘다, 곤하다, 끊다, 비단.
騷(소) : 떠들 소, 긁다, 근심하다, 운문의 한 체, 풍류.
陋(루) : 좁을 루, 천하다, 조악하다, 나쁘다, 인색하다.

TV에서 황진이의 춤추는 모습을 보고

휘날리는 소맷자락 사람인가 날새인가
구름 곁고 땅에 서니 꽃이련 듯 곱디 곱다
가이없는 노랫가락 님 그리는 그 곡조요
한번 떠난 그 당신은 임금 뫼신 신하라네
물소린가 가얏고는 북녘 성를 감아 돌고
안개 더븐 피리소리 샛별을 겨냥했다
제 비록 풍악놀이 적은 폐단 있을지나
속진 떠난 풍류낙사 누항 띠끌 몰아낸다

황진이(黃眞伊) : 이조 중종 명종 때의 명기. 시문에 능하고 가무를 잘 했다. 당대의 명류 석학인 서경덕(徐敬德), 소세양(蘇世讓) 등과 교류했으며 대표작으로「어져 내일이야」,「동지달 기나긴 밤에」등 시조 몇 수와 7언 율시「봉별소판서세양(奉別蘇判書世讓)」이하 한시가 있다.
이원(梨園) : 배우들이 연기를 익히던 곳. 당나라 현종(玄宗)이 대궐 안의 이원(梨園)에서 인물이 좋은 자제들 300명을 골라 속악을 배우게 하고 또한 궁녀 수백 명을 시켜 이원의 제자로 삼은 데서 비롯된 고사. 여기서 이원사(梨園事)라고 한 것은 그런 일에 폐단이 없지 않으냐의 뜻으로 쓴 것이다.
누항(陋巷) : 좁고 더러운 골목. 비천한 사람들이 사는 거리.『논어』에 공자가 안회(顔回)를 칭찬하는 말로 <안회는 슬기로우니 주먹밥을 먹고 표주박으로 마시며 누항에 사니 여느 사람들은 근심걱정에 싸일 것인데 즐겁기만 하니 안회는 슬기롭다(賢哉回也 一簞食 一瓢飮 在陋巷 人不堪其憂 回也不改其樂. 賢哉回也)>라고 했다.

休戰線
丙戌歲暮

分斷疆場不盡愁
延連鐵網涕洟流
天涯遠路離鄉恨
海曲荒墳埋祖羞
極目飛塵迷白日
傷心叫䳌作悲秋
如今南北無他願
洪水須成露亞舟

涕(체) : 눈물 체, 울다.
洟(이) : 콧물 이, 눈물 체.
墳(분) : 무덤 분, 언덕, 섬, 둑, 크다, 옛날의 책 이름, 나누다, 물가나 땅속에 있는 괴물 이름.
埋(매) : 물을 매, 묻다, 메우다, 숨기다, 영락하다.
羞(수) : 부끄러움 수, 바칠 수, 맛있는 음식, 익힌 것.
䳌(규) : 부르짖을 규, 규(叫)와 같을 글자, 울다.

휴전선(休戰線)
병술년이 저물 무렵에

동강난 내나라 땅 가슴 가득 아픔인데
길고긴 가시철망 눈물이 샘솟는다
하늘ㅅ가 머나먼 길 고장 잃은 슬픔이오
바닷가 허문 무덤 조상 버린 수치일레
가이없이 나는 띠끌 백일(白日)을 가려있고
애끊게 울부짖는 기러기 떼 슬픈 가을
오늘 우리 남과 북녘 소원은 한 가지 뿐
천지개벽 방주(方舟) 있어 겨레 통일 이룩되길

강장(疆場) : 국경, 나라의 터전.
체이(涕洟) : 눈물과 콧물이 뒤범벅이 된 모양.
해곡(海曲) : 바다가 육지로 깊이 들어간 자리. 바닷가의 후미진 구역.
극목(極目) : 눈에 보이는 끝까지의 뜻.
노아주(露亞舟) : 기독교 성경에 나오는 노아의 방주를 가리킴.

 君子里懷古

十里松杉絶俗塵
倚欄懷舊故情新
泉臺逝去遊仙客
社日歸來謁廟人
洛水漫漫連落照
清凉矗矗帶陽春
惟吾大祖開庭處
文蹟千秋肅有神

遊仙客 丙戌歲末竹肖金澤鎭族叔以宿患永眠故及之

逝(서) : 갈 서, 뜨다, 미치다, 빠르다, 날다, 돌다, 피하다, 맹세하다.
謁(알) : 아뢸 알, 뵈다, 청하다, 구하다, 명함.
廟(묘) : 사당 묘, 위패, 정전, 나라의 정사를 집행하는 곳.
矗(촉) : 욱어질 촉, 가지런하다, 곧다, 길, 높이 솟은 모양.
肅(숙) : 엄숙할 숙, 경계하다, 가지런하다, 엄하다, 고요하다, 오그라지다, 죽이다,
  빠르다, 나아가다, 이끌다, 물건의 소리, 공경할 소.

군자리에서 옛일을 그리며

십리길 소나무 숲, 띠끌은 바이없다
다락난간 기대이니 옛날 일이 새롭구나
이승 떠나 저승 감에 신선이 되신 어른
봄 제사에 고향 찾은 내가 깊이 절을 한다
낙동강 느릿느릿 저녁노을 곁하였고
청량산 기험해도 새 봄을 맞이했다
뚜렷해라 우리 조상 터를 닦은 이 자리여
천추를 끼친 문적(文蹟) 뚜렷한 넋이 있다

        병술년 세말에 죽초 김택진(竹肖 金澤鎭) 족숙이 숙환으로
        세상을 버렸음에 언급한 것이다.

군자리(君子里) : 우리 고향 예안 외내의 별칭. 자세는 이 책 율시부 「군자리융동회
    고(君子里隆冬懷古)」 참조.
사일(社日) : 입춘(立春) 후 다섯 번째 무일(戊日)과 입추 후의 같은 날로 사직신에
    제사를 지내는 날. 춘사일(春社日), 추사일(秋社日)이라고 함.
낙수(洛水) : 낙동강. 자세는 이 책 율시부 「낙동강(洛東江)」 참조.
청량(淸凉) : 청량산. 이 책 율시부 「선성추흥(宣城秋興)」 주석을 볼 것.
촉촉(矗矗) : 높이 솟아 있는 모양.

 城南迎春

料峭東風振我衣
開門出見歲無違
千條細柳知時序
數點新梅含地機
臨壑聞鐘慚舊妄
經丘到寺悔前非
清遊一日堪酬興
追憶故園花雨霏

峭(초) : 가파를 초, 엄하다, 선명한 모양.
壑(학) : 골 학, 도랑, 해자, 굴, 석굴.
慚(참) : 부끄러워할 참.
堪(감) : 견딜 감, 뛰어나다, 하늘, 싣다, 낮다, 즐기다.
酬(수) : 갚을 수, 부담할 주.
霏(비) : 눈펄펄내릴 비, 조용한비 비, 연기오르는모양 비.

성남(城南)의 봄을 맞으며

살가워라 동녘바람 옷자락을 휘감는다
문을 열고 마중하니 봄빛이 완연쿠나
실버들 가지가지 제 철을 알아 있고
갓 핀 매화 두어 송이 흙내를 더부렀다
산골에서 들은 쇠북 지난 잘못 붓그리고
언덕지나 절에 닿아 묵은 허물 뉘우쳤네
청유(淸遊)로 지난 하루 흥취도 유여(有餘)함에
돌이켜 그려봤다 꽃비 내린 내 고향을

료초(料峭) : 봄바람 찬 것.
참구망(慙舊妄) : 지난날의 망령된 행동들을 뉘우침.
화우(花雨) : 꽃이 떨어지는 모양을 형용한 것, 꽃 위에 뿌리는 비, 여기서는 전자의 뜻으로 썼다.

 ## 先祖濯淸先生墓碑改竪後題一首

燕月芳岑萬象晴
新碑聳立四周明
一門長少歡情動
千古山川淑氣生
風靜墓前芳草出
雨過台下洌泉鳴
承承家系那能忘
回首西天日欲傾

竪(수) : 더벅머리 수, 천하다, 짧다, 서다, 곧다, 잠방이.
岑(잠) : 봉우리 잠, 높다, 크다.
聳(용) : 솟을 용, 두려워하다, 삼가다, 권하다, 배냇귀머거리.
洌(열) : 맑을 열, 물결거셀 례, 차다, 강이름. 열수(洌水)=대동강.

탁청정 할아버님 묘비를 개수하고

제비철 방잠 땅에 오만 것이 하냥 밝다
새 비석 들어섬에 한 누리가 깨끗하네
한 핏줄 자리하니 즐거움이 일렁이고
예대로인 산과 시내 맑은 기운 솟아난다
바람 잠든 묘소 앞엔 꽃다운 풀 돋아 있고
비가 개인 언덕 아래 샘물이 소리치네
굽이굽이 뻗은 핏줄 차마 어이 잊을 줄이
고개 드니 서녘 하늘 해 그림자 기웃하다

탁청정(濯淸亭) : 김유(金綏). 조선왕조 중종 때의 명인(1481-1552). 광산김씨 예안파 김효로(金孝盧)의 아들로 탁청정파의 시조. 자 유지(綏之), 호가 탁청정(濯淸亭). 형이 벼슬길에 나가자 부모를 섬기기 위해 고향집을 지켰으며 이현보, 이퇴계 등 당대의 명현들과 깊이 사귀었다. 그가 지은 한국 최고의 요리서 『수운잡방(需雲雜方)』이 전하며 당신이 창건한 탁청정(1541년)은 수기찰물(修己察物)의 공간으로 지금도 건재하다. 묘소가 옛 군자리의 서쪽 방잠(芳岑) 기슭에 있다. 묘비는 이퇴계(李退溪) 선생 찬인데 풍상에 마모가 심하여 2007년 봄 문중에서 개비했다. 이 시는 그때 지은 것이다.
묘비개수(墓碑改竪) : 묘전비를 다시 다듬어 세우다.
승승가계(承承家系) : 승승(承承)은 계계(繼繼)승승의 준말. 오랜 세월 대를 이어 내려온 가계를 뜻한다. 지금 탁청정은 510여 년 18대가 되었기에 이렇게 말한 것이다.

〈中國山東半島紀行〉

劉公島
有甲午海戰紀念館

風靜波恬舟不忙
洋洋水國海潮香
片雲停岬津梁見
雙帆過洲漁笛長
杜宇聲聲提督廟
莘夷灼灼帝孫崗
悠悠往事籠烟處
白首單身望故鄉

　　　提督丁汝昌 北洋水師總司令 甲午海戰時
　　　因日本 海軍奇襲 全艦隊覆滅 以引責自盡.
　　　帝孫 漢末皇子劉公 國亡以避于山東.
　　　開創公島故及之.

恬(념) : 편안할 념, 조용하다.
岬(갑) : 산허리 갑, 곶 갑, 산골짜기, 줄지어 잇닿은 모양.
莘(신) : 긴모양 신, 족도리풀, 옛 나라 이름.
灼(작) : 사를 작.

〈중국산동반도기행〉

유공도(劉公島)
갑오년 해전 기념관이 서 있다

바람 없고 물결 잔 제 배들도 닻 내렸다
넓고 넓은 한 바다에 썰물이 향기롭네
조각구름 머문 곳엔 나루다리 나타나고
쌍돛배 지나는 섬 뱃고동이 길게 운다
두견새 슬피 울어 제독(提督)묘 뚜렷하고
개나리꽃 곱고 고운 황자(皇子)의 언덕일레
아득히 지나간 일, 냇 속에 쌓인 자리
흰 머리칼 내가 혼자 고향을 바라본다

　　제독(提督) 정여창(丁汝昌)은 청일전쟁 때 북양수사의 총사령이었다. 1875년의 해전 때 일본 해군의 기습을 받아 전 함대가 깡그리 깨어지니 책임을 지고 스스로 목숨을 끊었다.
　　제손(帝孫) : 한(漢)나라 말 왕자인 유공을 가리키니, 나라가 망함에 산동(山東)으로 몸을 피하여 유공도를 개척한 것이어서 언급한 것이다.

유공도(劉公島) : 중국 산동반도 위해만 입구에 위치한 섬. 한나라가 망하자 그 왕자의 하나인 유공(劉公)이 이 섬에 들어와 개척한 섬. 청나라 때 북양수사의 사령부가 있었던 곳으로 그 사령관 정여창(丁汝昌)이 일본 해군의 기습을 받고 전함대를 잃었다. 이에 그가 패전의 책임을 지고 자결했다. 지금 그를 기념하기 위해 섬 남쪽 바닷가에 갑오해전기념관이 서 있다.
파염(波恬) : 바람이 일지 않아 바다가 잔잔한 것.
신이(莘夷) : 백목련, 또는 개나리 꽃. 여기서는 개나리꽃.
작작(灼灼) : 꽃이 활짝 핀 모양. 재능이 뛰어난 모양.

 洛東江

一道黃池發遠源
穿山度野沃千門
閒鳧泛泛愍王渡
靑鶴飛飛退老村
太白浮雲無定色
鷄林宿雨有餘痕
如流萬象誰能識
回首蒼空日已昏

鳧(부) : 오리 부, 산 이름.
愍(민) : 근심할 민, 힘쓰다 민.
痕(흔) : 흠터 흔, 흔적, 발 뒷꿈치.
已(이) : 이미 이, 己(기) : 몸 기, 입구가 다 열려 있는 모양, 已는 입구가 반 열린 모양, 巳(사) : 뱀 사, 입구가 다 닫힌 모양이다.

낙동강

외줄기 가람하나 황지에서 흘러내려
산 돌고 들판 건너 즈믄 집들 적셔낸다
물오리 노니는 곳 고려 임금 나루터요
푸른 학 나는 터전 퇴계 선생 마을일레
태백산 걸린 구름 그 빛깔 자로 같고
신라 궁터 내린 빗발 뚜렷하게 자취 낸다
물결같은 삼라만상 그 누가 적으리야
고개 들어 하늘 보니 해가 벌써 기웃하다

낙동강(洛東江) : 강원도 태백산에 이웃한 함백산(咸白山) 황지(黃池)에서 발원하여 경상 남북도에 걸쳐 흐르는 남부의 가장 긴 강. 길이 525.15km 그 유역에 한국 유학의 본거지인 안동과 상주 등이 있고 대구 삼랑진을 거쳐 부산 서쪽에서 바다와 합한다.
황지(黃池) : 강원도 태백시에 있다. 낙동강 본강의 발원지.
범범(泛泛) : 가득한 모양. 물에 떠 있는 모양.
민왕(愍王) : 공민왕. 홍건적의 난리를 피해 죽령을 넘어 안동으로 피난한 적이 있다.
비비(飛飛) : 새들이 종횡으로 하늘을 가르며 나는 모양.
퇴로(退老) : 이퇴계 선생을 가리킨다.
태백(太白) : 태백산. 경상북도 봉화군과 강원도 장성의 경계에 솟아있는 산. 태백산맥의 주봉으로 높이 1561m. 그 산록에 황지(黃池)가 있어 낙동강의 발원이 되기도 한다.
계림(鷄林) : 경주 신라의 왕궁터. 뜻이 바뀌어 청구(青丘), 근역(槿域), 좌해(左海)와 함께 우리나라의 별칭.

 ## 易東先生遺墟碑
昔在禮安縣西南方知三宜里因安東
水庫建立移設故里東北方山麓

細雨宣城六月寒
滄桑故里舊基殘
方碑六尺如牛立
遊客單身若鷺看
養性鍊心垂世範
居鄉修己得人難
北望太白亭亭屹
只願民和國步安

墟(허) : 옛터 허, 언덕 허, 기슭, 저자.
麓(록) : 산기슭 록, 산감(山監), 숲, 넓은 살림.
屹(흘) : 우뚝솟을 흘.

역동 선생 유허비
옛적 예안현 서남쪽 지삼의에 있었으나 안동댐 건설로
옛 마을 동북쪽 산자락으로 옮겼다

선성(宣城) 땅 가는 비에 오뉴월이 차가운데
뽕나무 밭 바다 되어 옛 터전만 남았구나
모난 비석 여섯 자가 황소처럼 서 있음에
홀로 온 나그네는 해오라비 마냥 본다
마음을 갈고 부려 한 세상의 벼리어도
시골살이 분수 지켜 아는 이는 적었던 분
북녘에 태백산이 우뚝이 솟았으니
다만당 빌어봤다 우리나라 태평하기

역동(易東) : 우탁(禹倬)(1263~1343). 고려 충선왕 때의 학자. 자 천장(天章), 호가 역동. 성균관 제주로 있다가 주역을 깊이 공구하여 해동 제일 역학자의 이름을 얻었다. 말년에 경상도 안동 예안현 서남쪽 지삼의에서 후진을 양성하고 풍속 순화에 힘썼다. 그 유허비가 옛 마을에 있었는데 안동댐 건설로 수몰지구가 되어 지금 북쪽 산기슭에 이전되어 있다.
선성(宣城) : 예안의 구호 가운데 하나. 자세는 이 책 절구부 「登濯淸亭」을 볼 것.
양성연심(養性鍊心) : 성정을 잘 함양하고 마음에 사특한 기운이 배어들지 않도록 부려나가는 것을 뜻함.
태백(太白) : 태백산. 이 책 바로 앞 작품 주석란 참조.

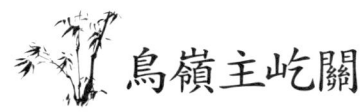 ## 鳥嶺主屹關

依舊兵關斜日遲
隔林杜宇爲誰悲
奔泉成澗東流處
出岫孤雲北向時
辛守碑殘民淚墮
交龜亭在帝規知
登樓回憶前朝事
西望金星天一涯

  辛守碑:壬亂時殉國聞慶縣監辛忠元之記績碑 在主屹關北側
  交龜亭:在鳥嶺第二關門下 新舊慶尙觀察使交印場所

澗(간) : 산골물 간, 시내 간, 큰 수의 이름, 강 이름.
墮(타) : 떨어질 타, 무너지다, 부서지다, 들어가다, 게으르다.
規(규) : 법 규, 그림 쇠, 동그라미, 하늘, 꾀하다, 바루다, 용모, 경계, 문체의 하나
  (과실을 경계하는 글).

조령 주흘관(鳥嶺 主屹關)

옛 그대로의 병관 터에 저녁 해 기웃한데
건너 숲에 우는 두견 누굴 두고 피를 뱉나
청방지며 쏟는 시내 동녘 향해 가는 자리
뫼 구멍서 생긴 구름 북을 향해 떠나가네
신충원(辛忠元)의 비석 앞에 상사람도 눈물짓고
교구정(交龜亭) 남아 있어 제왕 법도 알겠구나
다락 올라 옛 왕조의 지난 일들 생각하고
서쪽하늘 바라보니 샛별이 깜박인다

   신수비(辛守碑) : 주흘관 북쪽 산자락에 있는 것으로 임진왜
   란을 당하여 순국한 문경현감 신충원(辛忠元)의 기적비이다.
   교구정(交龜亭) : 조령 제2관문 아랫녘에 있으며 신구 경상감
   사가 인수(印綬)를 서로 확인한 곳이다.

조령 주흘관(鳥嶺 主屹關) : 속칭 문경새재의 제1관문을 가리킨다. 별칭 조곡관(鳥
 谷關). 경상도에서 충청도로 넘어가는 자리에 선 관문으로 임진왜란 때 신립
 (申砬) 장군이 이 천험의 요해를 지키지 못하고 충주 탄금대에 배수의 진을
 쳤다가 대패한 아픈 상흔의 옛터이기도 하다.
두우(杜宇) : 두견, 소쩍새.
신수비(辛守碑) : 이때 수(守)는 지방 수령(守令)을 가리킨다. 신수(辛守)는 신충원(辛忠元).
제규(帝規) : 황제의 율법. 여기서는 임금의 법식.

永嘉秋興
丁亥秋

秋日逍遙不碍蹤
山邊蕭寺送寒鐘
黃鷄啄黍民家樂
飛鴈橫波野色濃
波淨洛江疑翡翠
峯高太白似芙蓉
千年古府風光好
白首聞吟意萬重

碍(애) : 거리낄 애, 꺼리다, 가로막다, 푸른돌 의.
蕭(소) : 맑은대쑥 소, 삼가다, 쓸쓸하다, 사물의 모양.
啄(탁) : 쪼을 탁, 부리 주.
黍(서) : 기장 서, 옛날의 용량과 중량의 단위.
翡(비) : 물총새 비.
翠(취) : 물총새 취, 비취색, 꽁지 살.
芙(부) : 부용 부.
蓉(용) : 연꽃 용.

안동에서 가을을 맞아
2007년 가을

가을날 집 나서니 갈 곳이 따로 없다
산기슭 외딴 절집 쓸쓸한 종이 우네
기장 알 쪼는 닭은 농가의 풍악이요
물 위를 나는 기럭 시절도 풍년일세
물결 잠든 낙동강은 푸른 옥을 닮아 있고
우뚝 솟은 태백산은 목련 꽃에 가을할레
천년 역사 옛적 고을 풍광도 좋을시고
흰 머리로 시를 들어 느낌은 만겹 된다

영가(永嘉) : 안동(安東)의 구호 가운데 하나. 이밖에도 안동의 구호로는 화성(花城), 화산(花山), 부주(福州) 등이 쓰였다.
낙강(洛江) : 낙동강. 자세한 것은 이 책 율시부 「낙동강(洛東江)」 주석란 참조.
태백(太白) : 태백산. 자세한 것은 이 책 율시부 「낙동강(洛東江)」 주석란 참조.
천년고부(千年古府) : 천년이나 되는 오랜 역사를 지닌 고을. 곧 오랜 역사를 가진 안동을 가리킨다.

 ## 月明師祭亡妹歌

月明師新羅景德王代高僧善吹笛嘗月夜吹過門前大路月馭爲之停輪又嘗爲亡妹營齋作歌以祭之忽有驚飆吹紙錢飛擧向西而沒

不禁悲哀作一歌
孔懷至念到星河
散花拂袂泉台遠
燒紙營齋風梵過
半月城空霜葉落
吐含山碧宿雲多
生成滅寂終何事
祭妹心情正錯跎

嘗(상) : 맛볼 상, 일찍, 가을의 제사.
馭(어) : 말부릴 어, 마부, 타는 것, 통솔하다.
飆(표) : 폭풍 표, 회오리바람, 광풍, 흐트러지다.
袂(몌) : 소매 몌.
梵(범) : 범어 범, 더러움이 없다는 뜻, 경문을 외거나 부처의 덕을 기리는 말을 하다.
跎(타) : 헛디딜 타.

월명사 제망매가(月明師 祭亡妹歌)

월명사는 신라 경덕왕 때의 고승이었다. 피리를 잘 불었는데 일찍 달 밝은 밤에 피리를 불며 문 앞 큰 길을 지나더니 달이 발길을 멈추었다. 또한 돌아간 누이를 위하여 재를 올리며 노래를 지어 제사를 지낼새 별안간 돌개바람이 일어 지전(紙錢)을 서쪽으로 날아가게 하여 사라졌다.

못 달래는 슬픔일래 노래 지어 부르더니
사무치는 누이 생각 미르내에 이르렀네
소매 떨쳐 꽃 뿌려도 저승길은 아득하고
소지하며 재 올리니 바람결에 들리는 경
허랑한 반월성에 가랑잎 휘날리고
토함산 쪽빛인 채 묵은 구름 지천일레
태어나고 사라짐이 종당에 무슨 일가
동기를 제사함에 마음속은 천 갈래를

제망매가(祭亡妹歌) : 월명사가 지어 부른 10구체의 향가로 본 이름은 위망매영재가(爲亡妹營齋歌). 신라 향가 중 서정성이 가장 풍부한 작품으로 현대어로 역은 다음과 같다.
    죽살이 길은 / 예 있으매
    나는 간다 말도 / 못하고 가나니잇고
    어느 가을 이른 바람에
    이에 저에 떨어질 잎 다히
    한 가지에 나고 / 가는 길 모르온저
    아으 미타찰(彌陀刹)에 만나고저 나는
    도(道) 닦아 기다리고다
공회(孔懷) : 형제, 또는 형제간의 의가 좋음.

성하(星河) : 하늘 나라의 강. 곧 은하.
소지영재(燒紙營齋) : 소지는 신령이나 부처 앞에 비는 뜻으로 종이를 불살라 공중
　　으로 올리는 일. 영재는 불가에서 청정심이 되어 치성을 드리는 의식 절차와
　　법식을 가리킨다.
반월성(半月城) : 경주 월성이라고도 한다. 경주시 인왕동에 있는 신라시대의 흙과
　　돌로된 성. 둘레 2400m로 사적 제16호. 모양이 반달과 같다하여 반월성, 신월
　　성(新月城)이라고 하며, 『삼국사기』에 의하면 파사왕 22년(101년)에 축성한 것
　　임. 신라 역대왕들의 궁성이었는데 특히 문무왕 때에 안압지, 임해전, 첨성대
　　일대가 편입되어 규모가 커졌다.
토함산(吐含山) : 경주시 덕황동, 불국동과 양북면 경계 있는 산. 높이 745m. 신라
　　시대에 동악이라고 하여 호국의 진산이었고 중사(中祀)를 거행하였다. 신라의
　　고찰 불국사와 석굴암이 여기에 있으며 경주 국립공원을 대표한다.

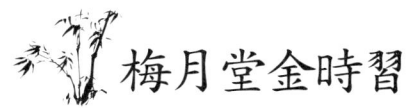 梅月堂金時習

落拓平生超富貧
佯狂流浪自由身
隨時隨處放歌客
臨水臨崗號哭人
斷髮嶺前愁悖雨
魯山陵畔斥微塵
先生一去風猷遠
梅月千秋懷古眞

拓(탁) : 박을 탁, 주울 척, 넓히다.
佯(양) : 거짓 양, 한체하다, 헤매다.
悖(패) : 어그러질 패, 성할 발.
畔(반) : 두둑 반, 경계, 물가, 떨어지다, 어지러운 모양.
猷(유) : 꾀할 유, 꾀, 계략, 따르다, 그리다, 감탄할 때 쓰는 말.

매월당 김시습

뒤틀려 찌든 평생 가난 부귀 초월했다.
미친척 떠떠돌이로 거칠 것이 없었던 몸
어느 자리 어느 때고 소리 높여 노래했고
물기슭 언덕마다 목 터져라 통곡했다.
단발령 마루턱서 궂은 비에 속타했고
단종대왕 능앞자리 모든 먼지 물리쳤다.
님 떠나자 세상버리 꿈결처럼 멀어진데
매월당 이름 남아 이대도록 그리웁다.

매월당 김시습(金時習) : 자 열경(悅卿), 별호 동봉(東峰). 강릉인(江陵人)으로 다섯 살에 시를 지어 신동의 칭호를 얻다. 20세 때 삼각산에서 글을 읽다가 세조가 단종을 내쳤다는 소식을 듣고 통곡하며 책을 모두 불살라 버렸다. 그 후 평생을 낙탁, 방랑하며 살았다. 한때 금오산에 들어가서 수도 중 『금오신화(金鰲新話)』를 지으니 한국고전소설의 분수령이 되었다.

낙탁(落拓) : 落魄, 落托으로도 쓰며 영락(零落), 영체(零替)와 같은 뜻. 살점, 세력이 줄어들어서 보잘 것 없이 되는 것.

양광(佯狂) : 거짓으로 미친 척 하는 것, 또는 그런 행동을 가리킴.

단발령(斷髮嶺) : 강원도 금화군과 회양군 사이에 있는 고개. 표고 241m. 금강산에 수도를 하기 위해 입산하는 사람들이 머리를 자르는 곳으로 속세와 인연을 끊는 상징의 고개다.

노산능(魯山陵) : 영월에 있는 단종의 능. 세조가 폐위를 하여 노산군으로 봉한적이 있기 때문에 이런 칭호도 쓴다.

新年頌
戊子元旦

咿喔雄鷄拂舊烟
東溟波息化藍田
一天日耀翔空鶴
萬里風和泛海船
太白山靑松櫪菀
洛東江碧帆檣連
迎新此際無他願
統合宗邦擊壤年

咿(이) : 선웃음 칠 이, 벌레 우는 소리, 동물의 우는 소리.
喔(악) : 닭소리 악, 꿩우는 소리 옥.
溟(명) : 어두울 명, 아득할 명, 가랑비 오는 모양 벽.
泛(범) : 뜰 범, 엎을 봉, 물소리 핍.
櫪(력) : 말구유 력, 마판, 상수리 나무, 형구의 한 종류.
菀(울) : 개미취 완, 무성할 울, 악취나는 풀 어.
檣(장) : 돛대 장

새해를 맞이하여
2008년 정월 초룻날

장닭이 홰쳐 울자 묵은 운연(雲煙) 걷혀지고
동녘 바다 잔잔하여 남새밭이 되었구나
하늘 가득 눈부신 해 허공을 가르는 학
바람없는 만리길을 돛달고 가는 배들
태백산 푸르러서 솔과 참나무 욱어있고
감청빛 낙동강에 작고 큰 배 잇달았다
새해 새날 맞는 이날 비난수는 오직하나
통일된 내 조국에 격양가만 듣고져라

이악(咿喔) : 닭 우는 소리를 의성음으로 표기한 것임.
동명(東溟) : 동쪽 바다, 곧 우리나라의 동해
태백산(太白山) : 이 시집 율시부 「낙동강(洛東江)」 주석 참조.
낙동강(洛東江) : 이 시집 율시부 「낙동강(洛東江)」 주석 참조.
종방(宗邦) : 본국, 또는 제나라, 조국.
격양(擊壤) : 격양가, 풍년이 들어 백성들이 태평성대를 기리며 부르는 노래.『제왕
 세기(帝王世紀)』의 기록으로 중국 고대의 요임금 때 백성들이 모여 땅을 치며
 세상이 태평하고 농사가 잘되어 걱정이 없음을 내용으로 한 노래를 불렀다고
 한다.
 　　日出而作/ 日入而息/ 鑿井而飮/ 帝力王我何有有哉
 　　(해가 뜨면 농사짓고/해가 기울면 집에 돌아가서 쉬며/
 　　우들을 파서 물을 마시니/ 임금의 힘이야 나에게 그 무엇이리)

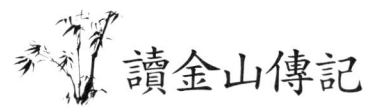# 讀金山傳記

金山本名張志樂平安道龍川生 少時亡命中國 企圖反帝韓中聯合鬪爭 馳驅中原南北 參劃地下工作及農民暴動大衆鋒起 然而延安滯在時 因爲反黨嫌疑被逮後寃死焉 有美國女流作家任魏逸瑞(Nym wales) 所著朝鮮人反抗者一代記 <阿利郎歌(Song of Ariran)> 副題 <中國革命中一朝鮮人共産主義者(A Korean Communist in the Chinese Revolution)>

出自關西渤海東

棄鄕亡命恨盈空

風餐邊塞月華白

露宿長林霜日紅

遊擊湘南屍骨裏

潛行冀北霧塵中

如今莫道虛無感

人世元同一點蓬

渤(발) : 바다 이름 발, 안개 자욱하다, 물소리, 나라 이름, 발해.
棄(기) : 버릴 기, 그만두다, 멀리하다, 내쫓다.
餐(찬) : 먹을 찬, 밥말 손.
冀(기) : 바랄 기, 지명.

금산전기(金山傳記)를 읽고 나서

김산(金山)의 본 이름은 장지락(張志樂)으로 평안도 용천 태생이었다. 일찍 중국으로 망명하여 한중연합 반제투쟁을 기도하고 중원천지를 남북으로 치달리었다. 지하공작과 농민폭동, 대중봉기를 계획하여 참여하였다. 그러나 연안에 머물고 있을 때 반당 혐의를 입어 체포된 다음 억울하게 주검이 되었다. 미국 여류작가인 님 웨일즈가 지은 조선인 반항자 일대기 「아라랑 노래」가 있는 바 그 부제가 '중국혁명의 소용돌이 속의 한 조선인 공산주의자'이다.

태어난 곳 서관 땅은 발해의 동녘 길섶
고향 떠나 망명하여 하늘에 한 서렸다.
주려지친 변방 한쪽 달은 하냥 희었었고
한댓 잠 숲속 자리 서리낀 해 피밸었지
치고 빠진 상남전구 썩은 살과 뼈 더블고
몸을 숨긴 태항산 섶, 안개 티끌 가득했다
오늘 사는 우리네들 삶의 허랑 말을 말자
세상사리 본대부터 한 접 쑥잎 같은 것을

김산(金山, 1905~1938) : 평안북도 용천 출생으로 일찍부터 중국 사회주의 운동에 투신하여 관동 폭동을 주동했다. 이어 북경에서 지하당 활동. 조선민족 대표로 연안에 있을 때 미국의 여류작가 님 웨일즈를 만나 일대기 「아리랑의 노래」를 남기게 되었다.

상남(湘南) : 상수(湘水)와 소수(瀟水)가 모이는 소상강 남쪽 지역. 중국 공산당이 1920년대 후반기부터 강서, 호남 등지에서 농민 폭동을 선동하여 실행했는데 김산도 그에 관계했다. 여기서는 막연하게 그때 중공에 의한 농민 폭동이 기도된 지역을 가리킨다.

기북(冀北) : 여기서 기(冀)는 중국 하북성의 별칭. 하북성 북쪽에는 태항산맥(太行山脈)이 있어 중공 유격 부대의 근거지가 되었다.

 踰竹嶺

峻嶺馳過南北通
逶迤曲徑似胡弓
初融素雪成溪水
始綻紅梅拂谷風
國望峰高塵氣少
紹修院古學堂空
回頭欲問前朝事
路畔飄飄白髮翁

踰(유) : 넘을 유, 뛰다, 더욱, 멀다.
馳(치) : 달릴 치, 제멋대로 하다, 베풀다.
逶(위) : 구불구불갈 위, 사물의 형용.
迤(이) : 비스듬할 이, 굽을 이, 가는 모양 타.
融(융) : 화할 융, 녹다, 길다, 맑고 명랑하다, 이어지다.
綻(탄) : 옷타질 탄, 봉오리가 벌다, 터지다.
紹(소) : 이을 소, 느슨할 초, 받다, 소개하다, 성(姓), 느슨하다.
飄(표) : 회오리 바람 표, 질풍, 바람부는 모양, 새가 나는 모양, 떠돌다, 떨어지다.

죽령(竹嶺)을 넘으면서

높은 마루 넘어서니 南과 北이 탁트였다
휘돌아 굽은 산길 가얏고가 저러할까
흰눈은 갓녹아서 시냇물을 이루었고
갓피어난 붉은 매화 골 바람이 흔들댄다
국망봉 높고 높아 티끌 먼지 바이없고
소수서원 쌓인 세월 학당(學堂)은 비어있네
고개 들어 지난 일들 물어볼까 하건마는
길머리에 나부끼네 흰 빛깔 내 머리칼.

죽령(竹嶺) : 경상북도 풍기와 충청북도 단양의 경계를 이루는 고개. 해발 689m 영남 북부와 충청도를 거쳐 서울로 가는 교통의 요지. 중앙선의 죽령터널이 뚫려 있으며 국도가 지난다. 고속도로의 죽령 터널은 옛고개 서쪽에 위치하여 있다.
위이(逶迤) : 긴 모양, 길이 구불구불한 모양. 춤의 모양. 여기서는 두 번째 뜻이다.
국망봉(國望峰) : 경상북도 영풍군 순흥과 충청북도 단양군 가곡면 사이에 있는 산. 해발 1421m. 원운시로 주세붕의 것이 있으며 풍기 군수로 있을 때 퇴계 이황(退溪 李滉)이 지은 시 3수가 있다.

漠漠烟雲生晩日
龍門不見況脩門
欲知紫極宸居處
天際遙瞻一林痕

　　　　가이없는 안개구름 저녁에 피어나니
　　　　용문이 안보이니 하물며 수문(脩門)일까
　　　　님금님 계신 곳 알려고 할 것이면
　　　　하늘가에 머나먼 곳 한점 자취 바라보세

　　용문산은 양근군(楊根郡 지금의 예천군)에 동쪽에 있는 산. 수문(脩門)은 본래
초나라의 도읍 성문이었으나 뒤에 한나라의 도성을 가리키게 되었다.

소수원(紹修院) : 소수서원. 경상북도 풍기시에 있음. 고려말의 안향(安珦)을 주향으
　　로한 서원으로 조선조 중종 때 주세붕이 창건하였고 그 후 퇴계가 증수하여
　　사액서원이 되었다.

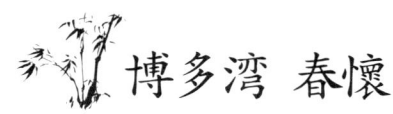
博多湾 春懷

燕月漁村柵竹干
投錨船舶自成團
片帆玄海情無盡
烈士童舟血未乾
　　　童舟日帝末抵抗詩人尹東柱之筆名

掩地風櫻言表美
連天積水眼窮難
羈愁悄悄靑丘遠
夕照西方我獨看

錨(묘) : 닻 묘, 배를 정박시키기 위해 선채 일부에 연결 물밑으로 가라앉힌 갈고리 모양의 쇠뭉치.
掩(엄) : 가릴 엄, 닫다, 감싸다, 숨기다, 합치다, 그치다, 바로잡다.
櫻(앵) : 앵두나무 앵, 일본에서는 벚꽃, 곧 사꾸라를 뜻한다.
羈(기) : 나그네 기, 굴레.
悄(초) : 근심할 초, 고요하다, 엄하다, 초초(悄悄)는 근심하여 맥이 풀린 모양.

박다만(博多湾)에서 봄을 생각하며

제비철 어촌에는 대숫대가 울바준데
닻을 내린 선박(船舶)들은 어깨 겯고 모여 있네.
현해탄 돛배 지나 정은 일어 다함 없고
몸 던져 나라 지킨 동주(東柱)의 피 땅에 흘러
      동주(童舟)는 일제 말 저항시인 윤동주의 필명이었다.
땅을 덮은 고운 벚꽃 말과 글로 못이르니
바다가 하늘인가 눈 던질 곳 바이 없다.
길손의 쓸쓸한 맘 내 나리는 머나먼 곳
저녁 붉새 서녘 땅을 내가 혼자 바라 본다.

박다만(博多灣) : 일본 구주 북쪽 후쿠오카(福岡)의 일부인 항구. 한국 부산과 최단 거리에 있어 옛적부터 한일간 내왕의 문호구실을 했다.
연월(燕月) : 음력 4월의 별칭.
현해(玄海) : 현해탄. 일본 대마도 남쪽 일대의 바다로 물살이 빠르고 파도가 거칠기로 이름이 있다.
동주(東柱) : 윤동주(尹東柱). 북간도 출생으로 연희전문을 거쳐 일본의 동지사대학을 다닐 때 독립운동 모의 죄목으로 체포 투옥되었다. 후쿠오카 형무소에서 복역중 옥사. 유고시집 『하늘과 별과 바람과 시(詩)』가 1948년 1월 간행되었다.
적수(積水) : 바다를 가리킴.
기수(羈愁) : 나그네의 시름, 또는 회포.

登映湖樓
戊子春

細柳繁紅成畵圖
雲收對岸見新鋪
前朝御額超神筆
上板名詩無等珠
開目山邊丹頂鶴
仙魚台下早生蒲
千年古邑淸明節
滿眼風光勝鏡湖

繁(번) : 많을 번, 뱃대끈, 무성하다, 바쁘다, 성 파.
鋪(포) : 펼 포, 가게, 베풀다, 두루미치다, 알다.
額(액) : 이마 액, 일정한 액수, 편액.

영호루에 올라서
2008년 봄

붉은 꽃 푸른버들 완연한 그림인데
구름 걷힌 강 건너에 새거리가 나타난다
공민왕 끼친 글씨 신필도 무색하고
판액에 오른 시들 무상의 구슬일세
개목산 자락에는 단정학(丹頂鶴) 깃을 쳤고
선어대 아랫녘에 창포잎 솟아났다
천년이라 옛고을에 청명절 돌아오니
가할 없이 좋은 풍광 거울 같이 맑은 강물

영호루(映湖樓) : 이 책 절구부「영호루회고(映湖樓懷古)」주석란 참조.
번홍(繁紅) : 활짝 핀 꽃들, 여기서 홍(紅)은 꽃을 뜻한다.
전조(前朝) : 조선왕조의 전 왕조, 곧 고려.
어액(御額) : 영호루에 걸려 있는 공민왕의 친필 현판.
개목산(開目山) : 일명 천등산(天燈山). 안동군 북후면과 서후면 경계에 위치한 산으로 개목사가 있고 그 원통전은 보물 242호다.
선어대(仙魚台) : 안동부에서 동쪽으로 10리 남짓 거리에 있다. 반변천(半邊川) 한 굽이가 절벽아래 깊은 소를 이루어 풍광을 자랑하는 안동 8경의 하나다.
고읍(故邑) : 역사가 오랜 고을, 여기서는 안동을 가리킴.

 三角山

聳拔蒼空超喜悲
長年不動鎭京師
搖搖雲棧連霞處
颯颯松風拂壑時
啼鳥蠶頭溫祚夢
韶陽仁壽雪岑思
仰看盡日忘歸路
千古靈山誰可疑

    東明王之子 沸流溫祚南行登三角山想可居之地云
    東峰金時習別號雪岑有三角山詩曰
    東聳三峰貫太淸登臨可摘斗牛星 非徒岳峀興雲雨 能使邦家萬歲寧

聳(용) : 솟을 용, 두려워하다, 삼가다, 권하다, 바라다, 배냇귀머거리.
搖(요) : 흔들릴 요, 움직이다, 새매, 머리에 꽂는 장식.
颯(삽) : 바람소리 삽, 물건을 짜부라트리다. 질풍(疾風), 쇠하다, 떨어지다, 엄하다,
    사물의 형요.
蠶(잠) : 누에 잠, 누에치다.
韶(소) : 풍류이름 소, 잇다, 아름답다.
岑(잠) : 봉우리 잠, 병랑음, 봉우리, 높다, 크다, 나라이름.

삼각산(三角山)

창공에 우뚝 솟아 희비를 초월하고
긴 긴 세월 움직 않고 서울장안 지켜오다
구름 다리 흔들대며 아지랑과 이웃하고
솔바람 가뭇없이 골짜기를 쓸고 가네
잠두(남산)에 우는 새는 온조대왕(溫祚大王) 꿈결인데
인수봉 고운 햇빛 김시습(金時習)의 얼이었다
진종일을 바라보며 돌아갈 길 잊었으니
삼각산(三角山) 천고 영산 누구가 의심하리

> 동명성왕의 아들 불루온조가 남행하여 삼각산에 올라보고 터를 잡고 살 만하다고 생각했다 전한다. 동봉(東峰)은 김시습인데 별호를 설잠(雪岑)이라고 했다. 삼각산(三角山) 시가 있다. <동쪽에 솟은 삼봉(三峰) 하늘을 치받으니/ 오르면 북두(北斗) 견우(牽牛) 별들을 딸만하다/ 봉우리와 산허리는 비구름과 벗했으니/ 능히 써 내 나라를 만만세 편케하리.>

용발(聳拔) : 산이나 묏부리가 높이 하늘에 치솟아 있는 모양.
요요(搖搖) : 흔들거리는 모양.
운잔(雲棧) : 구름다리. 교각이 없고 허공 중에 놓여 있는 다리.
삽삽(颯颯) : 바람이 솔솔 부는 모양.
잠두(蠶頭) : 서울 남산의 별칭.
온조(溫祚) : 백조의 시조(?~28). 지금 서울, 삼각산 남쪽 한강변에 도읍을 정하고 나라 이름을 백제로 함. 개국 초부터 남진정책을 써서 마한을 병합하고 나라 기틀을 다졌다.
인수(仁壽) : 인수봉. 북한산의 한 봉우리 높이 803m로 백운대 다음 높으며 전봉이 백색 화강암으로 되어 있어 경색이 수려한 것으로 이름이 높다.

 萬海韓龍雲禪師

專念求眞山寺行
不拘魔障作心程
頌經幾載尋牛院
追敵多年渤海城
鎖獄思鄕空枕夢
窮時寄命石田耕
禪師一去無聲聞
世路崎嶇何日平

> 龍雲禪師出家 削髮爲僧於百潭寺 當庚戌國恥企圖光復 一時亡命于西伯利北間島等地 又己未萬歲示威時 以民族代表三十三人中一人 起草獨立宣言文公約三章 主導明月館會合後 被逮投獄而囹圄生活三年餘故及之.

禪(선) : 봉선 선, 고요하다, 사양하다, 좌선(참선), 불교의 한 파.
魔(마) : 마귀 마, 요술, 인, 마라(魔羅).
渤(발) : 바다 이름 발(발해), 안개가 자욱하다, 물소리, 나라이름.
鎖(쇄) : 쇠사슬 쇄, 자물쇠, 매다, 찡그리다, 수갑.
崎(기) : 험할 기, 갑.

만해 한용운 선사(萬海韓龍雲禪師)

외곬으로 진리 찾아 절로 들어 중이 되고
험한 장애 물리치며 도 닦기를 기했었다
심우원 불경공부 몇몇 해를 거쳤던가
발해의 옛 터전을 적과 겨뤄 보낸 세월
옥사리에 고향 생각 빈 베개로 꿈을 꾸고
가난한 때 목숨잇자 돌밭도 갈았었지
큰스님 한 번 가자 소식이 아득한데
비틀대는 이 세상이 어느제 평온할까

> 한용운 스님은 집을 나서 머리를 깎고 백담사에서 중이 되었다. 1910년 국치를 당하자 광복을 꾀하고 한때 시베리아와 북간도 등지로 망명했으며 또한 기미 만세 독립운동 때는 민족대표 33인 중 한 사람으로 독립선언문을 기초하고 명월관 회의를 주도한 후 체포되어 3년 동안 감옥 생활을 했기에 이에 언급한 것이다.

심우원(尋牛院) : 만해는 말년에 성북동에 거쳐할 집으로 심우장을 지었다. 그러나 여기서는 승려가 되어 수도 생활을 한 절을 염두에 두고 이 말을 썼다.
발해성(渤海城) : 궁궐 성터. 나라의 전 강역을 포함한 발해의 옛터를 이렇게 말한 것이다.

 부록

抗日愛國志士 雨田金南洙先生 記績碑

　　雨田 金南洙先生은 우리고장 외내 君子里 출신으로 日帝 植民地 體制下의 極限狀況을 무릅쓰고 民族解放鬪爭에 挺身하신 일세의 愛國志士요 革命烈士이다. 慶尙道 安東 光山金氏 禮安派 濯淸亭 宗孫 金永燾公의 둘째 아드님으로 태어나셨다. 어려서는 무리에 빼어난 재주로 집안과 이웃의 눈길을 모았고 자라나심에 漢文을 수학하고 協東學校를 거쳐 中東學校에 적을 둔 바 있다. 庚戌國恥가 있자 十代童子의 몸으로 땅을 치고 호곡하며 며칠 동안 식음을 끊었다고 전한다. 己未年 獨立萬歲에는 禮安 장터의 示威를 주도 그 先鋒을 담당하여 구금 투옥 당했다. 一九二十年代부터 反帝反封建의 길을 基層民衆의 戰力化로 믿으시어 노동자, 농민과 청년운동을 두루 망라한 獨立鬪爭을 지향하셨다. 民族言論 동아와 조선일보가 창간되자 지국을 설치 운영하셨고 勞動共濟會, 勞友會에 이어 朝鮮勞動聯盟會를 주도하셨으며 농민조직에 참여 小作人會를 주재하고 豊山 小作人會를 발족 가동케 하여 한때 그 세가 五千에 이르렀다. 청년

운동으로 安東靑年聯盟을 발족시키고 慶北靑年聯盟과 朝鮮靑年總同盟의 기반 구축에 분투하셨다. 일찍 자유와 평등 계급타파를 행동원칙으로 삼으시어 衡平社運動에 참여하였으며 그 전국대회 때 일제의 비호세력이 폭력사태를 야기시키자 위험을 무릅쓰고 중앙간부들을 구출해내었으며 조선일보를 통하여 연일 聲討의 筆鋒을 휘둘렀다. 一九二十年代 중반기부터 獨立運動의 새 지평타개를 기도하시어 火曜會 無産者同盟 新興靑年同盟에 참여하고 또한 朝共의 中央委員이 되셨다. 一九二五年 勞動運動의 활성화를 위하여 朝鮮勞動總同盟의 조직에 誠力을 다하는 한편 광범위한 민중운동을 실현코자 全朝鮮民衆運動者大會의 召集을 시도했으며 反帝鬪爭의 이론무장을 위해 社會事情調査硏究社를 주재 운영하신 바 있다. 六十萬歲에 임해서는 평생 동지 權五卨先生과 더불어 擧族動員 萬歲示威에 萬全을 기했으나 大事가 총독부경찰의 사찰망에 걸리자 투옥된 동지들의 구출 원호에 불철주야하셨다. 新幹會가 발족하자 祖國光復의 길이 民族單一戰線의 실현에 있음을 믿고 계급운동출신자로서는 유일하게 그에 참여 서울지회 간사를 맡으셨다. 一九二七年 六月 第三次 지하당인 ML党이 발족하자 金綴洙 金俊淵 金世淵 崔益翰 金剛 朴洛鍾 李廷允 安光泉과 손을 잡고 反帝鬪爭의 제일선을 담당하시어 그 中央委員이면서 組織秘書를 맡으셨다. 이 단계에서 大衆鬪爭의 전면화를 지향 노동자와 농민조직을 두루 파고들었으니 훗날 그 불씨 가운데 하나로 드러난 것이 慶北共産黨 사건이다. ML党 사건으로 日帝의 가혹을 극한 고문을 받았으나 끝내 조직의 秘密을 死守하여 옥중투쟁의 영웅이 되셨다. 한마음 나라 겨레를 위한 先生의 抗日運動에는 피붙이와 집안을 돌볼 틈서리가 없었으니 서대문감옥에서는 할머님의 별세를 대구형무소에서는 할아버님의 상을 당하셨다. 거듭된 일제의 박해와 고문으로 先生의 건강은 암흑기의 막바지에 이르자 쇠진의 도를 넘어섰다. 그럼에도 安東道立病院에서 얄타회담의 결정을 전해 들으시고 朝鮮獨立萬歲를 고창하셨다. 先生의 최후는 一九四五年 三月十二日에 있었다. 때는 삼엄한 戰時體制下여서 一世의 民族運動者인 先生의 마지막을 지켜준 이도 드물었다. 올해는 先生 가신지 六十周年, 江山이 여섯 번이나 바뀐 세월 다음 三一節에 나라 겨레를 위해 바친 先生의 희생은 늦게서야 빛을 보아 建國功勞勳章이 追敍되었다. 뚜렷하여라 夷狄의 壓制를 물리치고자 피흘려 치달린 民族抵抗의 걸음걸음, 해달과 더불어 燦然하여라 한몸의 安危를 무릅쓰고 祖國의 歷史, 民族의 綱統을 지키려한 그 鬪魂과 義烈 오늘 우리가 여기에 先生의 이름을 새겨 碑石을 세움은 한때 하늘과 땅을 뒤덮은 그 精神이 너무나 새롭기 까닭이며 그 눈빛 그 목소리 사무치게 그리웁기 때문일 뿐이다.

    先生가신지 六十周年, 民族解放 예순돌이 되는 二〇〇五年 十一月 容稷이 가슴 가득 밀려드는 회포와 함께 글짓고 攸川 李東益 글씨 쓰며 金南洙先生記念事業會가 힘을 모아 碑를 세우다.

항일애국지사 金南洙 선생의 발자취

한 몸을 草芥처럼 던져 反帝 反封建 조국광복을 위해 挺身하신 애국지사. 일제 말기의 삼엄한 전시체제하 마지막 병상에서 <朝鮮獨立萬歲>를 외치셨다.

성명 : 金南洙　　　　　　본관 : 光山
자 : 仲尋　　　　　　　　호 : 雨田, 鶴山
1899년 4월 2일, (음) 2월 22일 생
1945년 3월 9일, (음) 1월 28일 몰
원적 : 慶尙北道 安東郡 禮安面 烏川洞 117
　　　光山金氏 禮安派 濯淸亭에서 태어남

■ 1899년—출생과 성장배경

光山金氏 禮安派 중 탁청정파의 종손 金永燾公의 차남으로 출생. 어려서부터 기골이 장대하고 재주가 무리에서 빼어났으며 기개 또

한 남달랐다. 母夫人 柳閨여사는 안동 하회 풍산 유씨 겸암 선생 후예로 온유 인자한 성품을 지니셨다. 춘궁기에 어려운 이웃이 있으면 곳간 문을 열어 두루 나누어 주었다. 선생은 자라면서 언변에 능해지고 약한 자를 돕고 강자의 올바르지 못한 일을 바로 잡기를 기했으며 글을 배우게 되어 史書의 국가 흥망을 말한 감피에 이르게 되면 감분, 비통해하며 나라를 위해 살기를 다짐했다고 한다.

그대는 몸집이 크고 우람했으며 뜻과 기개가 드높고 억세었다. 어려서 지난날 역사를 배우매 나라가 기울어 망한 국면에 이르러는 느껴워하고 의를 지켜 꺾이지 않은 이에 미쳐서는 찬탄해 마지않았다. 같은 나이 또래와 노닐 때도 반드시 강하고 못된 자를 억누르고 약한 이를 도왔다.

君軀幹壯大 志氣激昂 幼課受前史 嘗感慨於 國家衰亡之除
贊嘆於秉義不屈之人 與同輩遊 必疾其强悍 恤其柔弱
― 李奎鎬, ≪友松文稿≫, <金南洙 哀辭>에서

■ 1900년대 후반기

집안에서 漢文 수학. 또한 東山 柳寅植先生이 주축으로 이루어진 協東學校에서 신학문, 신문명의 충격을 받았다. 東山은 先生의 고향인 君子里(외내)와는 낙동강을 사이에 둔 三山 출신으로 오랜 世交를 가진 터였다. 이것이 기틀로 작용하여 선생은 東山의 각별한 사랑을 받은 것이다. 후에 先生이 줄기찬 反帝 투쟁과 함께 反封建, 우리 사회의 근대화에 投身한 정신적 기틀이 여기서 마련된 듯하다.

■ 1910년 10월

이 해에 韓日合邦이 있었다. 이 소식이 安東에도 전해지자 철들기 전의 어린 나이었음에도 先生은 땅을 치고 울부짖었고 며칠 식음을 끊었다. 이로부터 서울과 안동을 내왕하면서 새 시대를 호흡하기에 힘쓰고 신문과 집회를 통해 반식민지 투쟁을 전개하기 시작했다.

경술년(1910) 섬나라 오랑캐가 협박으로 조약하여 한국 임금이 나라를 지키지 못했으니 그대는 12세 어린이로 어른들이 슬퍼함을 보자 눈물을 흘리며 부르짖어 말하기를 대장부가 어찌 나라 없는 백성으로 살겠는가 하였다. 조금 나이가 들자 서울과 시골을 번갈아 다니면서 사람들을 모았으며 신문에 관계하게 되었고 민심을 이끌어 뭉치게 하고 사릳들의 뜻을 떨치기에 힘써 나라의 독립을 도모하고자 했다. 좋은 집안에서 태어났으면서도 누구와도 두루 섞이고 사귀었으며 위기에 임해서도 한 몸에 미치는 위협을 두려워하는 법이 없었다.

庚戌島人脅約 韓皇圖籍不守 君以十二歲童子 見長老之 悲憤
涕泣奮然呼於庭曰大丈夫胡爲乎無國之民乎 及弱冠 遂往來京鄕
從事於集會新聞 務爲團結民心 鼓發民志 以圖光復 閥閱身也而
不泥舊慣之可去 威武時也而不畏危機之當前
　　　　　　　　　　　　　　　　　　　　　— 상게서

■ 1919년 3월—3·1운동 참가, 예안장터 시위의 선봉

서울에서 귀향하여 독립만세를 준비, 安東郡 禮安面 예안 장터의 시위를 주도하였다. 이 때의 예안 장터 시위는 3월 17일 오후 3

시와 3월 22일 오후 5시경 등 두 차례에 걸쳐 터졌다. 金南洙 선생이 만세시위를 격렬하게 선두에 서서 선동·지휘한 것은 1차 때였다. 이 때 先生은 장꾼들을 선동하기 위해 시장 바닥에 있는 창호지와 미역단들을 닥치는 대로 들고 휘둘렀다. 그리하여 다수 장꾼들을 만세 시위 대열에 동원시킬 수 있었다. 그러나 만세 시위가 끝나자 피해를 입힌 시장 상인들에 배상해야 할 문제가 남게 되었다. 선생의 父親이 되는 梅汀 金永燾公은 한때 田畓을 매도하여 그 보상비를 마련하고자 했을 정도다. (이때 梅汀公이 시장 상인들을 일일이 찾아서 사죄를 하자 그들도 나라, 겨레를 위해 그렇게 된 것이니 배상금을 받을 수 없다고 하여 배상 처리에는 이르지 않았다고 전함).

■ 1920년대 민족을 위한 항일전선에 나섰다

20년대 초반부터 민족투쟁이 서민 대중의 기반 위에서 이루어져야함을 알게 되었다. 러시아 혁명에 영향을 받은 신흥 사조를 수용했다. 이 무렵에 잠시 中東學校에 적을 둔 것으로 전해지며 거의 동시에 사회운동, 노동운동, 농민운동, 청년운동을 전개하고 동아일보, 조선일보와 몇 개의 좌파 잡지에 관계를 가졌다.

1 火星會 關係

안동지방을 중심으로 조직된 좌파 반제 운동단체인 火星會 구성(1923-26), 노동야학으로 普光學校, 복지시설로 유치원 등을 운영하고 반식민지 운동의 조직운동을 전개하면서 지방과 서울의 연대를 기획하여 실천해 나갔다.

중요 구성원으로는 李準泰, 權泰錫, 權五卨, 金元鎭, 李會昇, 李準文과 先生 등이 있었으며 선생은 여기서 책임자 격인 상무 집행위원이었다(명함 유족 보관). 會館으로 孫大日 소유의 건물을 빌려서 썼으며 계급주의 지방 조직으로는 전국에서 가장 세력이 컸다. (월세 8원~10원의 영수증 석장이 있음).

② 노동운동 관계 — 노동공제회 주도, 조선노농총동맹 산파역

일찍부터 관계한 노동운동 분야에서 맹활약을 시작. 1921년 7월 **노동공제회** 안동지부의 제 2차 총회에서 집행위원회 간사가 되고 편집부의 책임을 맡았다(임명장 원본 보관). 그 후 노동공제회의 미온적인 행동노선에 불만을 품은 일부 노동운동자들이 **1922년 10월에 노동연맹회를 만들자 이에 적극 참여 1923년 4월 27일 서울 견지동 회관에서 열린 2차 정기 총회에 중앙 집행위원으로 피선되었다.**

1923년 경성고무공장 파업을 주도, 특히 사이비 노동 운동단체를 만든 金敬默과 싸우고 노동자들의 진실을 알리는 인쇄물을 작성·배포하다가 일경에 피체 당하여 尹德炳, 李準泰 등과 함께 구금되었다. 이때 先生은 징역 10월에 벌금 80원의 형을 선고받았다. (大正 十二年 十一月 十四日 京城地方法院 朝鮮總督府判事 澤木 사본).

1923년 말경부터 노동운동의 새로운 전개를 위해 농민 조직, 청년 조직, 형평사 조직, 기타 사회 운동조직 활동에 두루 관계하여 그 반제투쟁 전력화를 기했다. **조선노농총동맹이 1923년 9월 12일 서울에서 발기되었다. 이에 따라 조선노동연맹회는 1924년 4월 발전적**

인 해소를 보았다. 이때 金南洙 선생은 尹德炳과 함께 노동연맹회의 해소위원이 되어 그 잔무처리서를 작성하게 되었다. (원본 양면괘지 3면분 보관).

1925년 10월 13일에는 노동총동맹의 지방조직인 안동노우회를 조직 주도하여 안동청년회관에서 120여명 참석하에 창립총회를 가졌다.

1924년 4월 16일. **조선노농총동맹 발기회에 李廷允, 曺奉岩, 權五卨 등과 함께 참여했다. 이때 선생의 소속은 신사상연구회였다.** (京城鐘路警察署 작성, 京鍾警高秘 제4409호).

1924년 4월 17일. 노농총동맹의 창립기성을 위하여 집행위원이 되어 총독부 경찰과 교섭을 시도했다(京鍾高秘 제4260호 11).

1924년 11월 18일에 개최된 조선노농총동맹 중앙집행위원회에서 權五卨, 姜達永, 尹德炳, 金若水, 李準泰, 車今奉, 李承燁, 姜宅鎭, 崔元澤 등과 함께 중앙위원으로 피선되어 조직 사업을 담당했다(京鍾警高秘 제13071호의 1. 1925년 11월 18일).

③ 청년운동 관계—안동청년연맹 창립, 경북청년대회 주동, 조선청년총동맹 주동

3·1 운동의 체험은 반제 투쟁에서 광범위한 민중투쟁·청년의 조직투쟁을 요망하게 되었다. 이에 동지들과 인식을 같이 한 선생은 1920년 초두부터 서울을 내왕하며 안동지방의 청년운동을 조직·주도했다. **1920년 5월 발족한 안동청년연맹에서 주도적 역할을 하고 그 집행위원이 되었다.** (1927년 2월 21일) 초기부터 안동청년연맹은 학술강습회를 가졌고 유치원도 경영했다. **선생은 학술강습회를**

승격시켜 근로청소년의 교육과정인 보광학교를 구성·운영했다. 1925년 9월 10일에는 〈국제청년데이〉의 기념행사를 가지고 〈국제청년데이의 유례〉라는 제목의 기념강연을 했다.(金喜坤, ≪안동지방의 독립운동사≫). 이때 연사는 선생과 함께 李準泰, 金元鎭 安相吉, 李會昇 등이었다.

1920년대 후반기에 선생은 안동청년연맹을 안동청년동맹으로 개편, 운영하는데 주도적인 역할을 했다. 또한 **경북청년연맹을 발족시키기 위하여 경북청년대회를 발기했다. 이때의 주역은 선생과 함께 方漢均, 崔元澤** 등이었다. 이와 아울러 사회주의 청년운동의 중앙조직인 **新興靑年同盟에 참여하고 고려공산청년회에도 관계했다.** (新興靑年同盟의 ㄱ관지 ≪新興靑年≫기자명함 보관). 1924년 6월 7일 개최된 노농총동맹과 청년총동맹 대회에 權五卨, 李廷允, 崔昌益, 曹奉岩, 李英, 金燦, 李仁, 裵成龍, 下熙鎔, 元友觀, 金丹冶, 丁七星 등과 함께 참가하여 청년운동·민중운동의 전략과 방책을 논의했다(京城本町警察署 작성, 京本高秘, 제 4362호 1).

4 농민운동

민중운등의 한 형태인 농민운동에도 관계. **선생은 20년대 초부터 李準泰와 함께 朝鮮無産者同盟을 주도했다. 마침 적색농민조합이 조직될 때여서 안동에도 그 하부조직을 꾀하게 된 것이다.**

여러 단위로 소작인회를 구성했는데 그 가운데도 풍산소작인회가 가장 커서 한때 그 회원이 5000여명에 이르렀다(慶尙北道 警察部 발행 ≪高等警察要史≫ 61면). 이때 안동지방의 농민운동 동지로 李會昇, 李準文, 劉準, 金建植, 金麟根, 金慶漢, 金基鎭 등이 있었다. 이들 대부분은 청년운동과 다른 사회운동에도 겹쳐 관계했다

(이중 劉準, 金建植 등의 서신 보관). 조선일보 1925년 9월 1일자 보도에 의하면 풍산소작인 회관 낙성식에 즈음하여 선생은 李準泰, 權五卨과 함께 소작인회원들 앞에서 기념강연을 했다.

5 형평사 운동, 기타

선생은 계급 해방의 전위 조직인 형평사 운동에도 관계했다. 형평사는 1923년 당시 우리 사회의 최천민인 백정해방을 행동강령으로 하고 발족한 사회운동조직이었다. 이 조직의 주도자는 진주지방 백정출신인 李學贊, 張志弼 등이었고 1923년 5월 13일 진주의 극장인 진주좌에서 그 결성대회가 있었다. 경상북도에서는 1924년 중순부터 형평사 지회가 결성되었고 선생은 당시 조선일보 기자와 청년회간부의 신분으로 이에 적극 지지·참여의 입장을 취했다. 특히 **1925년 9월 10일 양일에 걸쳐 예천에서 열린 형평사 창립 2주년 기념 행사에는 중앙에서 파견된 而笑(李東求) 張志弼 등을 맞이하여 열띤 축하 강연을 했다.** 이 자리에서 보수, 친일단체인 예천청년회의 습격을 받자 선생은 신문기자의 신분을 이용, 부상한 중앙간부를 구출해내고 진상을 알리는 기사를 조선일보 본사에 송고해서 며칠에 걸쳐 보도했다.

1925년 8월 16일. 형평사 중앙본부에서는 예천사건에 대한 결의대회가 있었다. 이때에 선생은 상황보고를 담당하여 청중들에게 커다란 감명을 주었다. 당시 형평사 중앙간부인 張志弼, 而笑 등은 부상을 당하여 선생의 도움으로 安東 慈惠病院까지 호송되어 응급가료를 받았다.

1925년 8월 18일. 형평사 사건으로 서울에 온 일본의 사회주의자

나까니시(中西伊之助), 오꾸무메(奧むめ) 양인을 맞이한 모임이 있었다. 이때 선생은 權五卨, 馬鳴, 金燦, 金思國, 李廷允 등과 함께 참석하여(무산자동맹) 사건의 경위에 대한 보고강연을 했다 (京鐘警高秘, 제9237호 1).

1925년 8월 19일. 서울 제동 경성청년회에서 개최된 조선노농총동맹외 14개 단체 참여 형평사 예천대회 대책회의에 참석했다. 이 자리에서 선생은 의장인 許貞淑의 요청으로 예천사건에 대해 보고강연을 하였다. 보고 뒤 金燦, 金若水, 權五卨, 金丹冶 등의 질의와 총독부 경찰에 대한 항의 결의가 있었다(京鐘警高秘, 제9307호 1).

1925년 9월 18일. 예천사건 때 부상당한 형평사 중앙간부를 맞이한 토론회가 돈의동 중국요리집 열빈루에서 있었다. 선생은 장지필, 이소(李東求) 등과 함께 이 자리에 참석하여, 許貞淑, 金燦 등의 환영을 받고 자세한 사건 경위를 알렸다. 당시 참석자의 이름에는 金丹冶, 朴憲永, 洪德裕, 林元根 등의 이름이 올라있다(京鐘警高秘, 제10506호 2).

김남수 선생의 사회개혁활동 중 특히 주목되는 것이 도산서원 철폐 운동이다. 엄연한 사림계층 출신인 선생은 어려서부터 유학의 세례를 받고 자랐다. 그러나 당시 유학은 우리 사회에서 봉건유습을 서민에게 강요하는 폐풍을 조성한 면이 있었다. 20년대 초부터 이에 대한 대책이 안동지방의 사회운동자들에 의해 모색되었다. 그것을 주도한 것이 노우회, 청년조직, 형평사 운동의 중심이 된 김남수 선생이다.

1925년 가을에 도산서원에서는 소작료 납부가 늦어졌다고 소작인에게 태형을 가한 일이 있었다. 이와 같은 서민학대는 유학의 근본교의에 어긋날 뿐 아니라 일제의 수탈에 신음하는 우리 동포를 핍박하는 일이었다. 이에 선생은 뜻을 같이하는 화성회와 풍산소작인회, 정광단, 안동노우회, 안동청년연맹, 안동여성회 등 동지와 함께 성토선언을 하고 도산서원배제운동에 나섰다. 이때에는 유학혁신의 움직임을 가진 안동지방과 영남유림의 호응도 있었다.

이 무렵 전에 선생의 아버님인 永燾公은 도산서원 원장이었다. 그럼에도 선생은 일단의 운동원들을 이끌고 도산서원에 이르러 서원 앞에 도산서원은 盜産鼠院이라고 써 붙였다. 또한 先賢의 뜻을 저버리고 사람을 차별하는 서원이 철폐되어야 한다고 성토를 벌였다. 이때 선생은 조선일보, 동아일보에 연일 기사를 송고해서 이 운동의 실상을 알렸다. 그리하여 완고하게 낡은 시대의 껍질을 벗지 못하는 지방 유림사회에 개혁의 충격을 가했던 것이다.

6 언론 활동 – 조선일보, 전위기자동맹 관계

김남수 선생의 사회개혁 투쟁 가운데 또 하나의 굵은 줄기로 나타나는 것이 언론활동이다. **이 방면의 활동은 1920년 초두 동아일보 안동지국의 기자 겸 총무로 시작되었다. 이어 1924년부터 조선일보 안동지국을 경영, 동시에 본사 특파원 자격으로 기사를 쓰는 입장이었다.** 이와 함께 ≪朝鮮之光≫ 지사도 같이 운영(출납부 대장이 있음). 또한 新興靑年同盟의 기관지 ≪新興靑年≫의 동인으로 있었고 ≪新建設≫에도 관계한 것으로 나타난다(私信에 나타남).

1925년 11월에는 안동지방의 각 신문 관계자들을 구성원으로 하여 記友團을 결성했다. 이때의 참가자는 朝鮮日報의 선생과 함께 東亞日報 權泰錫, 時代日報 朴錫圭, 朝鮮日報 佐佐木, 釜山日報 朝

鮮民報 猪狩智, 每日申報 李迪鎬 등이다. 이 기우단은 단순한 언론인의 모임이 아니라 형평사 운동, 도산서원 철폐운동과 그 밖의 여러 사회개혁운동에 적극적으로 참여하는 반제·민족운동 성향을 띤 단체였다.

또한 조선일보지국 경영에서도 선생의 항일 민족투쟁, 사회개혁의 의지가 여러 모로 확인된다. 1926년 초 조선일보 안동지국의 여러 기자 제청원안은 다음과 같았다(1926. 2. 20 朝鮮日報 安東支部 발 11호 문서).

  禮安 주재기자 李準文
  豊山 주재기자 李會昇, 劉準
  北後 주재기자 姜呂八
  臨東 주재기자 權寧斗, 후에 金廷植

이 명단에 나타나는 바와 같이 안동지국의 기자들은 모두가 노동운동, 농민운동, 청년운동에 참가한 사람들이다.

1927년 10월 27일 서울 화동 소재 中外日報에서 조선전위기자동맹을 발기했다. 이때 참가자는 동아일보 金斗白, 조선일보 柳完熙, 金東煥, 중외일보 朴八陽, 金基鎭과 함께 선생이었다. 이때 선생은 유완희, 김동환과 함께 총무부를 맡았다.

7 사회사정조사연구사

1926년 말부터 안동에서 활동을 접고 상경하여 노동운동에 깊이 관여하는 한편 權五卨, 李準泰 등과 긴밀히 연락하는 가운데 지하당 재건

을 시도한 듯하다. 단 이때 先生은 다음 단계의 조직 활동을 맡은 것으로 짐작되며 그 구체적인 증거가 **조선사회사정조사연구사**를 만든 일이다. 이 단체의 표면적인 사업은 사회문제연구기관이었으나 내막은 언론활동을 통하여 지하당과 연결된 것으로 보인다. **6·10 만세 운동이 총독부 경찰이 탐지한 바 되자 지하당이 붕괴되었다. 權五卨 이하가 구금, 투옥되자 이 단체가 지하당 간부의 원호, 지원활동을 맡고 나섰다. 그 증거로 나타나는 것이 1927년 11월 27일자 ≪동아일보≫의 다음과 같은 기사이다.**

> 조선공산당의 權五卨외 100인이 제기한 '종로서 고문경관 고소사건'이 原稿 檢事에 의해 不起訴로 낙착이 되자 변호인단에서는 京城覆審院 檢事局에 抗告를 제출하는 한편 11월 25일에는 그 증인으로 京城市內 授恩洞에 있는 '조선사회사정조사연구사'의 金南洙, 白基浩, 左公林 등 세 사람을 증인으로 제출하기로 한다더라.

여기 나오는 白基浩는 1903년 영천 출신으로 2차 공산당 사건에 연루되었다가 불기소 처분을 받은 사람이다. 또한 左公林은 1900년 제주도 출신으로 1926년 지하당에 입당했고 1928년 3월 중앙간부회의에서 경기도 책을 맡은 사람이다. 이들은 2차 지하당 사건 때 일제의 검거망을 따돌리고 옥중 동지의 지원, 석방 사업의 하나로 증인을 서고 원호투쟁을 벌였다. 위와 같은 사실은 그 후 權五卨이 先生에게 보낸 편지와 선생이 그에게 보낸 서신 등을 통해서 그 일단이 드러난다.

<權五高이 金鶴山에게>

　兄님 五箕君이 아직 서울에 있으며 자조 맞나는가요. 그 사람이 나는 近三十이지마는 철이 없습니다. 맞나는 쪽쪽 잘 지도하여 주시오. 그리고 그 사람이 十日前에 面會를 왔습더이다마는 모든 것을 나의 걱정으로 因(인)함인지 우물우물 하고서 仔細(자세)히 알리어 주지 않어요 아-- 兄님요 最近 四三年의 나는 남의게 신세만 기친 사람입니다 내가 남의게 받은 것은 있어도 내가 남을 준 것은 一도 없습니다. 그런대 五箕君의 말이 三年前에 내가 돈을 朴의게 준 것을 받아야 하겠으니 나다려 片紙하여서 받도록하라고, 내가 남을 준 것이 없는대 나의게로붙어 받은 것이 있다고 하는 사람이 있다면 그것은 好意的의 事가 아니라 나를 謀(모)함하려는 그 무엇이나 있지 아니할까요 더구나 金脈(금맥)으로 得談(득담)하는 이놈! 아- 답답하여 못견듸겠습니다. 五箕 보시거든 仔細히 물어보시고 알려 주시오 알만한 일은 내가 알어야 합니다 알이여 폐일일이 있을는지 모르겠습니다. 부대 물어보시고 알리어 주시오 그리고 五箕는 己往(기왕) 이째까지 잇던터인즉 弁護士(변호사) 변론 時까지 기다려 보고 나려가라고 하시오 그리고 집으로 老人들씌도 아모조록 근심맙시사 上査(상사)하라 하여 주시오 兄님 安寧히 계십시오 여러 동무도

　이때 權五高은 未決監에 있었고 그 옥바라지를 한 사람이 아우인 權五箕였다. 그에 대해서 權五高이 先生에게 간곡한 부탁을 한 것이다. 이런 관계는 같은 무렵 先生이 權五箕에게 보낸 편지를 통해서도 잘 나타난다.

　　　　　安東郡 豊西面佳谷洞 權五箕兄
　　　　　京城鳳翼洞四 金雨田(김남수 선생의 별칭)
　權兄 참 오래간만에 問安들이게 되엿습니다. 그 사이 얼마나 奮鬪하십닛가. 五尙兄의 病은 日間에 좀 엇던가요 아마도 回復될 可望이

없는 것 갓사오니 참으로 긔막히는 일입니다 兄임은 每日 對하야 救療하시난가. 伯氏兄은 近間에 편지나 왓든가 알들이 알고접다

여기 나오는 權五尙이란 權五卨과 같은 고향 출신이며 6·10 만세 때에는 신흥청년회와 지하당의 구성원으로 만세시위를 조직한 사람이다. 그는 거사 직전 權五卨과 함께 일제 경찰에 구금, 투옥 당했다. 權五尙은 모진 고문과 학대로 언도공판 후 병보석되었으나 곧 사망했다. 그의 건강을 서울에서 先生이 걱정하고 있는 것이다. 이로 미루어 보아도 6·10만세 때 구금, 투옥 당한 權五卨 등과 先生의 관계가 어느 정도 파악 가능하다.

8 전조선민중운동자 대회 소집·정우회

1920년대 중반기에 이르자 항일 민족운동은 노동자·농민·청년·학생 등 우리 사회의 전민중을 조직 전력화할 것을 요구하게 되었다. 이 단계에서 **선생은 노농총동맹·청년총동맹등에 관계하고 있었다. 이에 동지들과 함께 전민중을 결집하기 위해 전조선민중대회를 계획하여 그 소집을 실행시키기에 주력했다.** ≪동아일보≫와 ≪조선일보≫ 1925년 2월 19일자 그 취지문과 위원들의 명단이 실려 있다.

그 이름들을 보면 선생과 함께 金在鳳, 權五卨, 李準泰 등 안동 출신 화성회계가 중심이었다. 曹奉岩, 朴憲永, 金丹冶, 金燦, 朴一秉, 朴元根 등과 함께 朱世竹, 許貞淑, 崔元澤 등이 참여하여 전민중운동자를 총동원한 느낌이 들었다.

김남수 선생은 이 민중운동자대회의 소집을 위해 뚜렷이 드러나는 두 가지 역할을 했다. 그 하나는 여러 위원들을 포괄하여 종래

의 무분별한 노농운동과 민중운동을 단일화시키기를 기하였다. 그에 따라 지역별, 직종별 차별을 없이한 것은 물론 민중운동자 사이에 가로놓인 계파상의 위화감 해소도 시도했다. 이런 노력의 결과 대회의 주동세력인 화요회계와 그 이전까지는 다소 거리감을 가진 북풍회계가 손을 잡게 되었다.

 김남수 선생은 민중운동자대회의 실현을 위하여 노농단체와 민중운동단체가 있는 전국 각지방을 두루 돌아다니며 동지들을 규합하고 여론을 모아갔다. 구체적으로 이때 선생은 崔元澤과 함께 경상남북도 지방을 맡아 민중운동자대회소집의 당위성을 설파하는 순회강연을 가졌다. 그 일단으로 드러나는 것이 1925년 4월 7일자 ≪조선일보≫ 게재의 다음과 같은 기사다.

  民衆大會準備委員
  경상전라량도에 출장

  전조선 민중운동자대회준비회(準備會)에서는 좌기 삼씨에게 대회준비의 사경을 주어 다음과 같은 지방에 파견하였다고
  全羅北道地方 馬 鳴
  慶尙南道地方 崔元澤
        金南洙

 이 전조선민중운동자대회는 광범위에 걸친 대중조직의 형성을 경계한 총독부경찰의 방해공작으로 실현에 이르지는 못했다. 또한 주도권 장악을 기도한 서울청년회계의 반대도 있었다. 그러나 선생을 비롯한 준비위원들이 지향한 전민중을 발판으로 한 반제투쟁의

총력화 시도는 우리 독립운동사에 한 획을 그은 일이다.

1926년 4월 10일 서울 堅志洞 80번지 시천교회관에서 정우회 임시 총회 개최가 있자 선생도 참석했다. 正友會는 사회주의 조직의 하나로 한동안 그 주도권이 北風會에 의해 장악되어 있었다. 이것을 선생과 白基浩, 金鴻爵 등의 노력으로 화요계가 주도권을 장악하는 조직으로 만들었다. 정우회는 그 후 얼마동안 기층 민중운동의 전위조직이 되었으니 그 회칙 일부가 다음과 같다. <본회는 사상연구와 순화 및 대중의 각성과 단결을 촉진함을 목적으로 함> 이때 선생은 강인택, 권태휘와 함께 서기로 선출되었다.

9 신간회 관계―민족 단일 전선 참여

新幹會는 1927년 2월 15일 발족한 범민족적 항일운동단체였다. 3·1운동 이후 우리 사회에는 좌파 사회주의계의 민족운동조직이 형성되었다. 그들의 지향은 항일 민족운동에 있었으나 식민지체제하의 반제투쟁이 성공적으로 이루어지기 위해서는 우파와의 공동전선 형성이 요구되었다. 이런 반제투쟁의 요청에 따라 신간회가 발족된 것이다. 안동에서는 선생이 주도한 좌파의 전위조직 화성회가 1927년 4월에 해체 선언을 했다. 이와 함께 그 구성원 전원이 민족단일전선인 신간회에 참여했다. 초대안동지회의 회장은 柳寅植선생이 맡고 權泰錫을 비롯한 다수 화성회 회원이 그 집행부에 포진했다. **이때에 金南洙선생은 제3차 공산당 조직에 주력하고 있었다. 이와 아울러 계급운동자로는 거의 유일하게 신간회의 중앙조직에도 관계했다.**

1927년 12월 11일 서울 경운동 천도교 강당에서 신간회 제2회 정기대회가 개최되었다. **이때에 이미 선생은 제3차 지하당인 ML당의 중**

앙위원이면서 조직비서로 있었다. 그럼에도 선생은 丁七星, 李英 등과 함께 신간회의 대표위원이 되었다. 선생 외의 이들 둘은 당시 사회주의자이기는 했다. 그러나 제3차 지하당에는 관계된 바가 없었다. 또한 신간회 중앙회에는 許憲, 朴英熙 등이 있었다. 그러나 허헌은 당시 항일 전위조직과 관계가 없었고(담당 변호사로 원호 지원하는 입장이었음), 박영희는 카프의 지도분자였다. 그러나 그 역시 계급정당의 소속은 아니었다. 이때 계급정당의 중앙위원으로 신간회에 적극 참여한 것은 선생뿐이었다. 후에 일부 계급지상주의자가 선생의 신간회 위주의 이때 행동이 계급 정당의 원칙에서 일탈한 것이라고 비판한 바 있다. (≪조선사회운동사≫, 8·15 후 북한에서 간행)

그러나 선생의 신간회 참여는 그 항일저항의 성격을 단적으로 드러낸다. 선생은 계급 이전에 민족이 있는 것이 아니라 민족을 위한 한 방편으로 계급운동이 있었다. 그리하여 민족단일전선인 신간회에 계급정당의 중앙위원으로는 유일하게 참여하여 적극적으로 활동한 것이다.

■ 1920년대 후반기에서 1930년대 초반까지

金南洙 선생에게 1920년대 전반기는 항일민족투쟁을 위한 조직 준비기였다. 1920년대 후반기에 이르자 항일저항 민족투쟁의 전위조직을 담당하고 중앙 핵심분자로 활동하게 되었다.

1 반제투쟁의 전위조직·ML당 참여, 조직비서

속칭 ML당으로 불러진 제3차 공산당이 발족한 것은 1926년 8월이었다. 이때 제 2차 공산당 검거의 법망을 교묘히 피한 金綴洙, 吳

義善, 高光洙 등이 공산당 재건에 착수했다. 이들은 곧 金南洙 선생과 선을 대었는데 그 이유는 제 3차 공산당의 중앙위원들에 기본계급을 위한 투쟁자 곧 노동자·농민조직에 참여한 사람이 하나도 없었기 때문이다. 한국의 계급정당이 지식인 중심의 조직으로 흐른 것은 그 운동 방향이 관념론의 테두리를 맴도는 것을 뜻했다. 선생은 안동노우회와 풍산소작인회를 조직·발기한 이래, 형평사 운동에 관계했고 또한 청년 운동과 노동 운동의 중심에 위치해온 터였다. ML당이 발족하면서 화요회계에 속하는 선생이 (발족 당시 ML당은 비화요회계가 주류를 이루었음) 그 중앙위원이면서 조직비서가 된 이면에는 이런 사정이 내포되어 있었다.(<경찰신문조서> 참고).

ML당은 1926년 9월 2일 비밀리에 발기회의를 거친 다음 그 책임비서가 金綴洙(1926. 9~1927. 12), 安光泉(1926. 12~1927. 9), 金俊淵(1927. 9~1927. 12) 등을 거쳐 1928년 2월 3일자부터 시작된 일제 검거에서 당이 와해되기까지 金世淵이 책임비서를 맡았다. **이 가운데서 金南洙 선생이 일경에게 체포된 것은 1928년 9월 6일이었다.** 선생의 체포시기가 이렇게 늦게 된 것은 철저한 신분은폐와 교묘한 잠행에 힘입은 것이었다. **체포된 후에도 선생은 일제의 고문을 이겨내고 조직의 비밀을 사수하여 동지들에게 불리한 말을 일체 하지 않고 버티었다.** 그 결과가 1년이 넘는 예심기간, 곧 고문취조기간 연장으로 나타났다.

2 옥중투쟁과 건강의 악화

선생이 3차당의 간부로 일경에게 피체 당한 다음 구금, 취조를 받은 기간은 1년 3개월이 넘는다. 이 기간 동안 선생은 심하게 건강이 악화되고 최악의 영양실조 상태가 겹쳤다. 이때의 사실을 방증하는 것으로 昭和 四年 十二月 二日字 朝鮮總督府 判事들에 의한 선생의 病保釋 申請 각하 통고가 있다. 즉 선생의 건강 악화에 따른 보석 신청이 담당 변호사 許憲에 의해 제출되었다. (金南洙 治安維持法違反事 拘留 更新決定, 1·2·4호. 이 가운데 1호의 일자가 昭和四年 一月十四日로 되어 있다. 일제의 사상범에 대한 구류 취조 기간은 3개월 단위인 바, 이 일자에서 3개월을 소급하면 선생의 체포당한 일자가 昭和三年(1928년) 10월 15일로 산정된다. －일제의 구류 更新決定通告書 3매 보존). 이것을 경성지방법원 형사부에서 각하한 것이다. 이런 사실은 1929년 11월 23일자의 ≪朝鮮日報≫ 보도를 통해서도 드러난다.

    共産黨金南洙/ 精神異狀說
    담임변호사/ 保釋을 運動
    조선공산당(朝鮮共産黨, ML黨)원 김남수(金南洙)(三二)도 방금 서대문 형무소(西大門刑務所) 미결감에서 폐병(肺病) 기타로 병세가 자못 중증일 뿐 아니라 최근 정신이상(精神異狀)이라는 데 담임변호사 허헌(許憲)씨가 금일정식으로 보석원을 제출하였다더라.

1년 반 가까운 일제의 사상범 취조기간은 선생에게 문자 그대로 지옥이었다. 그러나 이 옥중 투쟁에서 선생은 초인적인 정신력을 발휘하여 끝내 선생이 알고 있는 반제 투쟁의 지하 조직을 말하지 않았다. 그리하여 훗날까지 선생은 옥중투쟁의 영웅으로 일컬어진 바 되었다. 이런 사실은 3차당 중앙 위원으로 특히 선생과 밀접한 관계에 있었던 金綴洙, 安光泉, 高光洙, 李基錫(일명 朴成春) 등이 끝내 그 신분이 노출되지 않은 채 해외로 도피할 수 있었던 사실이 그것을 입증한다.

이때 선생은 공판정에서도 소리 높여 무죄를 주장하고 자기변론을 통해 즉시 석방이 옳다고 논설을 펴서 듣는 이를 감동케 했다고 한다. 그러나 일제에게 그런 태도는 더욱 큰 죄가 될 뿐이었다. 끈질긴 선생의 항변, 법정투쟁에도 불구하고 일제는 선생에게 2년의 철창살이를 선고했다.

제3차 당사건으로 金南洙 선생은 옥중에서 모친상을 당하였다. 이런 사실도 일제는 알려주지 않았다. 그리하여 출옥하자 달려간 고향의 빈소에서 몇 번이고 기절, 통곡했다. 지금 그의 옥중 편지 몇 장이 남아 있는바 그중 1929년 9월 2일자의 것은 다음과 같이 되어 있다.

　　慶北安東郡禮安面 烏川洞 金東洙氏 前
　　京城峴底洞 101 (이것이 日帝의 西大門刑務所)
　　舍弟 南洙

　　兄主乎 참으로 臨紙無言 뿐입니다. 舍弟는 去月 三十日 言渡에 二年判決을 밧고 卽時 服役하게 되엇소이다. 無罪히 服役은 참 억울하오나 控訴公判(공소공판)이 遲延(지연)되면 도로혀 服役하는 것이 時日로 보아 속히 出獄할듯 함으로 服役입니다. 未決通算이 四百七十日이오니 明年陽五月十七日이면 出獄할듯합니다. 마는 病體 瘦骨(수골)이라 寒冬을 經過할가 問題입니다. 엇지든지 사겟시니 安心하시압소서. 兄主 二次 下書와 命洙 封書는 連承하엿사외다. 兄嫂氏께서 무신 病症으로 글으십닛가 驚慮不識(경려불식)입니다.

③ 또 다른 반제투쟁의 발자취－경북지하당 사건

갖가지 惡刑과 2년에 걸친 철창생활로 선생의 건강은 출옥 후 급격히 악화되었다. 그러나 불타는 선생의 反帝, 抗日抵抗 의지는 그 후에도 잦아들 줄 몰랐다. 그리하여 출옥 후에도 大邱와 安東에서 동지를 규합하고 中央과 연락하면서 作故 때까지 민족해방투쟁의 발걸음을 늦추지 않았다. 그런 사실의 구체적 증거가 되는 것 가운데 하나가 경북지하당 사건이다.

1930년은 ML당 사건으로 金南洙선생이 서대문 감옥에서 복역 중인 때였다. 이해 7월 30일에는 선생의 이름이 오른 또 하나의 비밀 결사가 적발되어 세상을 뒤흔들었다. 경상북도 경찰부가 출동하여 지하당 관계자들의 일제 검거에 나선 사건이 그것이다. 이때 관계자들의 검거는 안동, 상주, 예천, 영주 등 경상북도 전역에 걸쳐 이루어졌다. 동아일보 1930년 11월 11일 보도에 따르면 여덟 군에 걸친 조직이 적발된 것으로 나타난다.

당시 연행·검거된 사건 관계자는 연 100여명에 달했다. 검거에만도 3개월이 걸렸다. 8개월에 걸친 지루한 심문과정을 거쳐 안동출신자만도 15명이 유죄판결을 받았다. 李會昇 징역 1년 6개월 이지호, 김경한 1년 3개월, 柳淵建, 吳戎武, 南璋, 南秉世 등이 모두 10개월의 형을 받아 투옥되었다. 이때의 신문기사를 보면 다음과 같다.

> 예심 8개월에 종결
> 慶北共産黨 眞相
> 金南洙의 권고로 입당
> 안동사건과 상주사건이 한가지로 8일 대구지방법원에서 예심이 종결되었다 함은 작보한 바이어니와 이번 관계자들에 대한 판결이 있었다.(……) 이회승은 대정 15년 봄에 안동군 안동읍내 여인숙 하성경(河成卿) 방에서 남병세는 동군(同郡) 일직면 망호동(一直面 望湖洞)에서

조선공산당원인 김남수(金南洙)의 권유로 고려청년회원이 되어 곳 김
남수를 책임자로 한 동회 야체이카에 소속되고(……) 남장(南璋)은 대
정 15년부터 전기 하성경방에서 김남수로 부터 고려공산청년회 회원
의 지령을 받아 이회승을 책임자로 한 야체이카에 속하얏다고

이런 기사로 미루어 보면 김남수 선생은 지하당 세포를 1925년경
부터 이미 구축했음을 알 수 있다. 그럼에도 몇 차례 검거 때 마다
당한 일제의 고문에도 일체 이들 사실을 말하지 않았다. 특히 ML당
사건 때의 고문이 극한 상황이었음은 이미 드러난 바와 같다. 그럼
에도 선생이 관계한 하부조직 상황을 일체 발설하지 않았다. 이런
사실은 선생의 독립운동, 항일투쟁이 실로 투철한 애국정신에 입각
한 것이며 한 목숨을 초개처럼 내어던져 조국의 광복을 기한 것이
었음을 단적으로 드러낸다.

■먼동이 틀 무렵의 서거—병상에서 외친 조선 독립 만세, 1945년 봄

**1931년 5월 18일, 선생은 2년의 구류·감옥생활을 마치고 만기 출
감을 했다. 출옥 후 비로소 모부인의 서거를 알았다.** 향제에 마련된 빈
소에 이르자 외마디 비명과 함께 기절했다. ML당 사건 후에도 선생
의 反帝, 反封建, 조국광복운동은 줄기차게 계속되었다. 선생의 주
변에는 항상 사복형사가 뒤따랐고 걸핏하면 연행·구금당했다. 이
런 사실로 하여 한때 선생이 탁청정 사랑방에서 기거한 시간보다
일제의 감옥살이 세월이 열배가 넘는다는 말이 나돌았다.

**특히 일제 암흑기의 막바지인 1930년대 말에 선생은 다시 한 번 일
제에 의해 범법행위자, 경제사범으로 대구형무소에 수감되었다.** 그리하

여 1939년 부친상을 당했을 때에는 철창에서 비보를 받았다.

이때는 일가친척들이 성금을 모아 막대한 보석금을 지불하고 가석방되었다(부담금액의 대부분을 당시 안동에서 사업을 한 族親 金基業氏가 내었다). 복역 중 해친 건강과 부모상에 한 번도 임종의 자리를 지키지 못했다는 죄책감으로 오래 기동을 하지 못했다. 1940년대에 접어들자 여운형계의 건국동맹이 선생에게 시기가 익어가니 반제투쟁을 위한 제휴를 말했다. 때를 같이하여 송진우계로부터도 연락이 왔다(伯氏 金東洙옹의 생전 증언). 이런 일을 선생은 측근에게 말하고 여운형계와의 제휴가 좋겠다는 결론을 내렸다(종질서・李庸洛의 생전 증언). 그러나 1940년대에 접어들면서 선생의 건강은 회복 불가능의 상태가 되었다. 어렵게 입원비를 마련하여 안동도립병원에 장기 입원했다. 그 무렵에 선생의 신체는 어느 곳 하나 온전한 것이 없었다. 특히 일제의 가혹한 고문으로 폐가 결단이 나 있었다. 오랫동안 기거가 어려운 상태가 계속되었다. 그럼에도 **얄타회담을 전하는 사람이 있자 도립병원 병상에서 일어나〈조선독립만세〉를 고창했다고 전한다.**

1945년 음력 정월 28일 여섯 달 남긴 민족해방의 날을 보지 못한 채 영면하셨다. 향년 46세. 열하루를 지나 선생의 시신은 안동군 예안면 오천동 고루골 산자락에 묻혔다. 삼엄한 전시체제하여서 이름뿐인 장례식이었다. 그 후 8・15와 한국전의 소용돌이 속에서 선생의 발자취는 풍문으로 남아 전할 뿐이었다. 1990년대 후반기에 이르러 안동대학교 金喜坤교수(현 독립운동 연구소 소장) 등 신진 독립운동연구가에 의해 선생의 항일저항운동이 재론되기 시작했다.

2001년 10월. 유족에 의해 그동안 선생의 본제인 탁청정에서 간직해 온 옥중서간과 여러 사건의 판결문, 심문조서, 신문보도기사를 모은 ≪항일혁명투사, 金南洙先生 자료집≫(집문당, 250쪽)을 간행했다. 그러나 자료의 수집이 어려워 선생이 생전에 펼친 투쟁실적은 열에 하나밖에 수록되지 못했다.

  2005년 3월 1일. 선생이 서거한지 50년, 3·1운동 때 예안장터 시위를 주도한지 86년이 지난 다음 우리 독립운동사에 끼친 선생의 발자취가 비로소 빛을 받게 되었다. 선생의 구국투쟁이 우리 정부에 의해 포상 추서된 것이다. **선생에게 내린 훈장은 〈건국훈장 애족장〉이었다(〈훈장증〉 제3787호)**. 2005년 8월 15일에는 선생이 태어나신 안동 예안 외내 君子里에서 선생의 항일 운동을 되새기는 기념행사가 있었다. **같은 해 11월 12일 〈抗日愛國志士 金南洙先生 紀績碑〉가 기념사업회에 의해 건립되었다.** 그 한 구절이 다음과 같이 되어 있다. <뚜렷하여라 夷狄의 壓制를 물리치고자 피 흘려 치달린 民族抵抗의 걸음걸음. 해달과 더불어 燦然하여라 한 몸의 安危를 무릅쓰고 祖國의 歷史, 民族의 綱統을 지키려한 그 鬪魂과 義烈>.

先親의 기적비 제막에 즈음하여 드리는 말씀

저가 金南洙선생의 아들인 金容稷입니다. 오늘 저의 先親 기적비 제막식에는 고향땅 안동에서 그리고 서울과 대구 등 경향 각지에서 많은 분들이 귀한 걸음을 하여 주셨습니다. 특히 바쁘신 가운데도 불구하고 이 자리에 참석하여 축사의 말씀을 해주신 심우영 국학진흥위원장님과 김휘동 안동시장님 그리고 저희 일을 위해 이 자리에 와주신 많은 분들 고맙기 그지없습니다.

돌이켜 보면 저의 先親은 남다른 열정과 志氣로 평생을 사셨던 것으로 생각됩니다. 일제 식민지 체제에 順應하셨다면 누릴 수도 있었던 세속적 행복이나 성공을 당신께서는 일찍부터 외면하셨습니다. 20대 초부터 抗日抵抗 民族解放鬪爭에 挺身하셨습니다. 최근까지 그런 先親의 발자취는 많이 희석화되고 그에 못지않게 마모되어 버렸습니다. 그것을 가능한대로 복원, 보존하는 일이 그동안 저에게 숙제로 남아 있었습니다. 오늘 보잘 것 없는 일인채 그 일단이 이루어졌습니다. 저로서는 그 동안의 죄책감을 다소간이라도 덜게 되어 적지 않게 어깨가 가벼워집니다.

막상 이 자리에 서고 보니 돌아가신 선친과 함께 저의 뇌리에 떠오르는 몇 분의 모습이 있습니다. 그 첫 번째가 되시는 분이 바로 저의 어머님이십니다. 당신께서는 꽃도 부끄러워할 10대의 중반에 훌륭한 집안의 규수 출신으로 우리 집에 시집오셨습니다. 우리 어머니는 그 직후부터 구름을 부르고 바람을 일으키며 사신 우리 아버지의 아내로 사셨습니다. 저의 先親은 國家民族을 위해 싸우기를 기하고 사신 나머지 가정을 돌볼 겨를이 없으셨습니다. 그런 先親의 지어미로 우리 어머니은 여섯 남매를 낳아 기르고 수많은 시련을 무릅쓰면서 우리 집을 꾸려나가야 하는 혁명가의 아내로 사셨습니다. 지금 저로서 그런 갈피에서 우리 어머니가 느낀 몸과 마음의 고초를 10분의 1이라도 헤아려 낼 수가 없습니다. 다만 그 형극의 나날을 생각하고 저는 그런 저의 어머니에 대해 <어머니 중의 어머니>, <겨레의 어머니>라는 이름이 어떨까 생각해보았습니다. 오늘 세운 기적비에 당신의 이름을 새겨드리지 못한 일이 저로서는 커다란 아쉬움입니다.

저에게는 본 어머니 말고도 또 한분의 어머니가 있습니다. 그가 先親의 독립운동 동지인 金聖愛여사입니다. 그는 우리 고장에서 유례가 드물게 1920년대 초두 서울에 유학한 신여성 출신입니다. 이 분이 역사의 어느 고비에 先親을 만나 항일독립운동에 뜻을 같이한 나머지 생사고락을 함께 하게 된 것입니다. 일제 암흑기와 해방된 조국에서 이 분이 친지와 이웃, 사회에서 받은 위로나 보상은 아무 것도 없었습니다. 박해 속에서 살다간 이 분의 이름 앞에서 저는 눈을 감고 추념의 고개를 숙이지 않을 수 없습니다.

본래 저의 아버님 슬하에는 세 아들과 그 배수에 달하는 딸들이 있었습니다. 순편한 환경, 평탄한 세월 속에서 자랄 수 있었다면 우리 남매는 모두 제자리를 차지하고 자유와 평화, 행복을 누릴 수 있었을 것입니다. 그러나 항일 저항 투사, 혁명가의 아들 딸로 태어났기 때문에 많은 경우 우리 형제, 자매는 그늘진 자리에 서지 않을 수 없었습니다. 한 때 어지러운 세파가 유달리 우리 남매에게는 세게 밀려든 바 있습니다. 이제는 절반 정도가 작고해버렸고 또한 여기저기어 흩어졌습니다. 이런 일이 오늘 이 자리에 단신으로 선 저에게는 참으로 사무치는 통한을 불러일으킵니다. 그래도 이 자리에서 저는 누님과 형, 동생들에게 한마디 말을 드리고 싶습니다. 우리가 先親의 피를 이어받아 이 땅에 태어난 것을 자랑으로 삼자고 만약 이승 다음의 또 다른 세상이 있다면 그때는 우리 형제, 자매가 반드시 다시 한 지붕아래서 좀 행복한 나날을 맞고 보내면서 살자고 말입니다.

  先親의 옛일을 추모하는 이 자리에서 저는 祖父님 내외분의 이름도 손꼽지 않을 수 없습니다. 저의 祖父님은 탁청정 14대 종손이셨고 슬하에 다섯 남매를 두셨습니다. 先親은 그 가운데서 둘째 아드님입니다. 남다른 기대를 건 아드님인 先親이 침략자 일제와 맞서 싸우는 길을 택했습니다. 걸핏하면 종적이 묘연해지고 연행, 구금, 철창에 갇힌 소식을 날리는 先親을 저의 祖父님과 조모님이 어떻게 여기셨을까 그 동안 저는 때때로 생각해 왔습니다. 근심 걱정, 살점이 떨리고 피가 말라붙는 느낌으로 사셨을 것입니다. 그 고초의 일단은 저가 나이 들어 두 아들을 길러보면서 짐작하게 되었습니다. 두 분은 저의 先親이 철창에 갇혔을 때에 돌아가셨습니다. 이렇게 인간의 역사는 때로 잔인합니다. 틀림없이 그 주역의 한 사람인 우리 조부 조모님의 자리는 우리 독립운동사의 어느 갈피에도 기록된

예가 없습니다. 저는 오늘 이 자리에서 제 祖父님과 祖母님의 명복을 다시 빌고자 합니다.

또한 이 자리에서 저는 先親의 兄님이 되시는 金東洙先生의 이름을 들어야겠습니다. 저가 기억하기에 이 분은 한국 유학사가 낳은 마지막 선비셨습니다. 평소 희로애오의 감정을 표정에 나타낸 적이 없으셨습니다. 그런데 先親의 小祥때 제문을 읽다가 그만 목을 놓고 우시는 것을 보았습니다. 거듭되는 先親의 옥바라지로 우리 대소가의 살림은 구차해지기가 말이 아니었다고 들어 왔습니다. 그런데도 어느 때 어느 자리에서나 이 분은 아우인 先親을 못마땅해 하신 적이 없습니다. 철부지 저에게 ≪童蒙先習≫을 가르쳐주신 것도 이 어른이십니다. 저는 그동안 제대로 세상을 사는 길을 이분을 기준으로 헤아렸습니다. 당신이 계셨기에 저가 한때 주변의 곱지 않은 눈길을 느끼면서 망나니로 굴러 떨어지지 않았으며 바람 앞에 등불처럼 흔들린 우리 집이 그나마 지탱이 되어 왔다고 생각합니다. 당신의 기억 앞에 저는 최경례를 올립니다.

또한 저는 이 자리를 빌려 항일저항의 공통된 목표 아래 先親과 손잡고 싸우신 여러 애국지사와 그 동지들에게 큰절을 드리고자 합니다. 침략자 일제를 이 땅에서 몰아내기 위해 저의 先親께서는 수많은 조직에 관계하고 국권회복의 대오를 편성하셨습니다. 지금 그 이름을 들어보면 노동연맹, 화요회, 정우회, 형평사, 신사상연구회, 노농총동맹 준비위원회, 민중운동자대회 소집위원회, 사회문제연구사, 무산자동맹, 기우단, 전위기자동맹 등이 생각납니다. 민족단일전선인 신간회가 손꼽히며, 안동청년연맹, 경북청년연맹 그리고 조선청년총동맹 준비위원회가 머리에 떠오릅니다. 반제, 항일저항의 중심부로 조직된 제3차 지하당도 있습니다. 이들은 모두가 민족을 위해 계급노선을 이용한 반제 투쟁기관들이었습니다. 先親의 동지로, 또는 戰友로 이들 조직에 참여한 많은 분들은 일제 암흑기에 박해 받으며 살았고 그 가운데 적지 않은 분들이 옥사했거나 병들어 신음하다가 작고하셨습니다. 先親의 아들인 저는 마땅히 그분들의 무덤과 이름 앞에 엎드려 절해야 할 사람입니다. 이제까지 이 책무를 제대로 하지 못한 점 참으로 부끄럽게 생각합니다.

 오늘 이 자리에서 저는 先親과 손잡고 민족해방투쟁을 전개한 여러 애국지사들의 후손들에게도 인사를 드립니다. 한때 우리는 우리 아버지 어머니 할아버지 할머니께서 택한 노선 까닭으로 기피자 대접을 받은 바 있습니다. 저가 알고 있기에는 우리 아버지 어머니, 할아버님 할머님들이 펼친 민중운동은 독립운동을 하기 위한 방편이었습니다. 그것이 역사의 회오리 속에서 반민족적 행동으로 규정되고 연좌제를 불러오기까지 했습니다. 이 자리에 나오신 몇 분 가운데는 바로 그 피해 당사자가 된 분이 있습니다. 참으로 어처구니가 없고 안타까운 일이 아닐 수 없습니다. 이런 사태는 조속히 공변된 심의, 정당한 절차를 거쳐 지양·극복되어야 할 것입니다. 그러나 이런 경우에 우리는 한 가지 말을 기억해야 합니다. 그것이 우리 한 몸은 수유를 사는 존재이지만 민족은 영원할 것이라는 믿음입니다. 이런 신념의 바탕 위에서 저의 先親이나 그 동지들 그리고 그 밖의 수많은 애국투사들이 역사의 소명에 응해 싸우고 그 길목에서 쓰러지셨습니다. 우리는 그런 애국지사의 후예입니다. 그러므로 우리는 우리 어른들처럼 민족을 위해 민족의 이름에 부끄럽지 않은 나날을 사는 후손이기를 기해야겠습니다.

끝으로 오늘은 시사철 한복판에 걸려 있습니다. 매우 중요하고 바쁜 시간입니다. 그럼에도 이 자리에 참석하시어 마지막까지 제막식의 순서를 지켜 주신 모든 분들 참으로 감사합니다. 오늘 저희는 귀한 걸음을 하신 여러분들이 들어주시도록 점심상을 마련했습니다. 제대로 격식을 갖추지 못한 것이며 소찬입니다. 그러나 저희 유족 일동이 뜻을 모아 차린 것이니 물리치지 마시고 들어주시기를 소망합니다. 이것으로 저의 인사 말씀을 마칩니다. 지루한 시간 저의 인사말씀까지를 경청해 주셔서 참으로 고맙습니다.

2005년 11월 12일

유족대표 김 용 직

찾아보기

ㄱ

가산(家山)	107
가친(家親)	119
각린(却隣)	107
감차(堪嗟)	199
강국(江國)	93
강장(疆場)	171, 221
개분산(皆分散)	35
걸사(乞士)	171
겁화(劫火)	186
격양(擊壤)	244
경구(京衢)	165
경불빈(景不貧)	137
경위(經緯)	184
경조(京兆)	61, 211
계계(繼繼)	123
계림(雞林)	27
계산(溪山)	129

고읍(故邑)	254
고현(故縣)	123
곤상(昆松)	177
골몰(汩沒)	163
공수(工倕)	177
공회(孔懷)	239
광산(匡山)	95
광상고국(冠裳故國)	85
괘장하(掛長河)	135
구두(口頭)	35
구절양장(九折羊腸)	87, 163
구채구(九寨溝)	193
궁거(窮居)	35
극목(極目)	221
근시재(近始齋)	215
금강(錦江)	191
기구(箕裘)	177
기봉(岐峰)	175

기북(冀北)	247
기수(羈愁)	252

ㄴ

나능망(那能忘)	45
나옹당(懶翁堂)	205
낙북(洛北)	215
낙산(樂山)	71
낙수(洛水)	223
낙수(洛水)	29
낙수(落水)	199
낙월(落月)	41
낙탁(落拓)	242
낙포(洛浦)	175
난사(蘭社)	45
난석(亂石)	87
노산능(魯山陵)	242
노아주(露亞舟)	221
농연(籠煙)	137
누항(陋巷)	219

ㄷ

단발령(斷髮嶺)	242
단사벽(丹砂壁)	197
단심(丹心)	105
단조(丹旐)	47

단취고유(單就告由)	55
단학(丹鶴)	57
대덕(大德)	201
대중(大衆)	153
도등(挑燈)	89
도연(陶然)	77
독도(獨島)	181
독두(讀杜)	89
동강(東江)	211
동명(東溟)	181, 244
동월(桐月)	81
두우(斗牛)	189
두우(杜宇)	149, 159

ㄹ

라애(蘿崖)	169
료초(料峭)	225
류하(榴夏)	65

ㅁ

막막(漠莫)	77
만록(漫錄)	57
망제(望帝)	191
망팔(望八)	113
맥랑(麥浪)	191
맥추(麥秋)	189

면회(緬夐)	31
몽야비(夢也非)	109
묘구종(杳舊蹤)	133
묘묘(渺渺)	47
묘비개수(墓碑改竪)	227
무고 상금(撫古傷今)	135
무주기(舞酒旗)	51
무타(無他)	51
무후사(武侯祠)	75
문사(文思)	115
문존(文存)	57
문질빈빈(文質彬彬)	57
민강(岷江)	71
민왕(愍王)	231

ㅂ

박다만(博多湾)	252
반변천(半邊川)	217
반월성(半月城)	240
백두(白頭)	33
백발랑(白髮郞)	165
백수단신(白首單身)	145
백의(白衣)	121
번홍(繁紅)	254
범범(泛泛)	231
법포(法鋪)	153
벽수청계(碧樹淸溪)	109
병자순국(丙子殉國)	189
북두(北斗)	184
북새(北塞)	179
북신(北辰)	111
불국청유(佛國淸遊)	165
불이(不二)	169
비궁진췌(匪躬盡瘁)	75
비류(飛流)	129
비비(飛飛)	231
비석(飛錫)	169

ㅅ

사벽유공(四壁吟蛩)	203
사우사청(乍雨乍晴)	147
사일(社日)	223
사정(私丁)	171
사주공(四周空)	141
산퇴(山頹)	43
삽삽(颯颯)	256
상락(霜落)	199
상풍(霜楓)	85
서악(西岳)	211
석량(石梁)	165
석의(石儀)	55
선고(先考)	53, 199

선성(宣城)	63, 137, 195
설보산(雪寶山)	193
성도(成都)	75, 191
성화(星火)	33
소소(昭昭)	184
소연(儵然)	99
소지영재(燒紙營齋)	240
송도(松濤):솔바람	175
송력(松櫪)	151
쇄운연(鎖雲烟)	193
수방(殊邦)	191
수성운심(水性雲心)	201
수양(首陽)	27
숙패평(宿敗萍)	171
순미(醇微)	59
숭비(崇碑)	175
승승가계(承承家系)	227
시인일거(詩人一去)	197
신각(信脚)	83
신량(新凉)	83
신립(申砬)	207
신수비(辛守碑)	235
신욱(新旭)	113
신이(莘夷)	229
실솔(蟋蟀)	173
심우원(尋牛院)	258

ㅇ

아래천리(我來千里)	133
아손(兒孫)	95
악악(喔喔)	113
약동년(若童年)	193
양광(佯狂)	242
양기(養氣)	79
양성연심(養性鍊心)	233
양양(洋洋)	29
어액(御額)	254
어적(禦賊)	83
어호풍(禦胡風)	67
억억(嶷嶷)	199
여유(如流)	89
역락(歷落)	167
역력(歷歷)	45, 159
연신(捐身)	41
연연(姸姸)	107
연오(延烏)	181
연원본자도산출(淵源本自陶山出)	167
연월(燕月)	95, 252
연자(燕子)	97
연화당(蓮花堂)	139

영가(永嘉)	85, 237		월천(月川)	157
영결 종천(永訣終天)	157		위만(逶漫)	165
영구(靈區)	163		위방(爲邦)	91
영균(靈均)	59		위쇠신(慰衰身)	137
영서(嶺西)	215		위이(逶迤)	249
영심(縈心)	65		위잔(危棧)	129
영영(盈盈)	215		위정(爲政)	51
영춘화(迎春花)	207		유모(遺謨)	123
예왕고국(濊王故國)	213		유수행운(流水行雲)	81
오장원(五丈原)	75		유영(遺塋)	189
온조(溫祚)	256		유종(儒宗)	141, 173
왕모성(王母城)	197		유진(遺眞)	167
외우(畏友)	59		유후(由帀)	147
요요(寥寥)	125, 189		융동(隆冬)	117
요지(要知)	79		융동(隆冬)	89
요초(料峭)	149		은성(殷盛)	165
용발(聳拔)	256		은월(隱月)	29
우로(禹老)	195		은한(銀漢)	29
우륵(于勒)	207		의상(義湘)	186
우음(偶吟)	155		의시(疑是)	127
운길산(雲吉山)	201		이악(呃喔)	244
운람(雲嵐)	111		이원(梨園)	219
운잔(雲棧)	256		인견(忍見)	79
운하(雲廈)	165		인수(仁壽)	256
원조(元朝)	113, 203		인원절(人轅絶)	184
원촌(遠村)	197		인월(寅月)	143

일소(一嘯)	117		중소(中宵)	33
일월봉(日月峰)	217		중원평야(中原平野)	207
일조(一條)	125		즉사(卽事)	103
			지산(芝山)	175
ㅈ			지음(知音)	33, 145
자미(子美)	201		지지(遲遲)	47
자작병(自作屛)	37		진역(震域)	167
작작(灼灼)	229		진유(眞猷)	141
작현궁(作懸弓)	145		진제(眞諦)	169
잔연(殘年)	139			
잔원(潺湲)	155		**ㅊ**	
잠두(蠶頭)	256		참구망(慚舊妄)	225
재과(纔過)	87		창룡사(蒼龍寺)	207
적수(積水)	252		창상(滄桑)	127
적혈(赤血)	105		창애(蒼厓)	131
전조(前朝)	254		채수(彩袖)	149
정신(挺身)	121		천공(天公)	131
정신항적(挺身抗敵)	179		천년고부(千年古府)	237
제규(帝規)	235		천대(泉坮)	43
제망매가(祭亡妹歌)	239		천손웅호(天孫熊虎)	49
제상(諸象)	169		첩첩(疊疊)	77
제초(歲杪)	203		청구(靑丘)	97
제파(祭罷)	119		청낙(淸洛)	25
조신(調信)	187		청량(淸凉)	137, 195
종방(宗邦)	244		청량(淸凉)	53
종유(從遊)	45		청범(淸梵)	151

청사탁설(淸詞卓說) 57
체이(涕洟) 221
초래(草萊) 81
초요(岧嶢) 193
촉촉(矗矗) 223
최연생(最延生) 79
충간(忠肝) 55
취우(驟雨) 127
치곡(馳轂) 195
칠순행로(七旬行路) 175
침침(駸駸) 53

ㅋ

쾌벽(快闢) 131

ㅌ

타마(駄馬) 87
탁설(卓說) 159
탁청정(濯淸亭) 61
태사(太史) 55
태허(太虛) 49
탱천의기(撑天義氣) 105
토왜(討倭) 119
토함산(吐含山) 240
퇴로(退老) 231

ㅍ

파벽풍창(破壁風窓) 63
파염(波恬) 229
파촉(巴蜀) 99
패엽(貝葉) 186
패우(霈雨) 127
편석전(片石田) 139
평무(平蕪) 93
포곡(布穀) 65
포의(布衣) 119
폭죽(爆竹) 115
표풍(飆風) 186
풍성운심(風性雲心) 205
피연(巍然) 211
피체십연지(被逮十年支) 179

ㅎ

하유(何由) 51
한공(寒蛩) 83
한범(寒梵) 111
한우비(寒雨霏) 121
함상가색(含霜佳色) 39
해가(薤歌) 43
해곡(海曲) 221
해자(海子) 77
해촌(海村) 127

찾아보기 299

향곡(鄕曲)	165
향천후(向天吼)	193
허유(許由)	201
현해(玄海)	252
형가(荊軻)	179
호발(皓髮)	61
호산(湖山)	123
홍륜(紅輪)	173
홍진(紅塵)	117
화석정(花石亭)	141, 173
화우(花雨)	225
화정(花井)	57
환해(桓解)	182
활인심방(活人心方)	155
황룡(黃龍)	77
황지(黃池)	231
황하(黃花)	37
회고(懷古)	177
회로사(懷老師)	155
회영(廻縈)	101

김용직(金容稷)

慶北 安東 禮安面 君子里 출생(1932)
서울대학교 문리과대학 국문학과
서울대학교 대학원 석사, 박사 과정
서울대학교 인문대학 교수
한국비교문학회 회장
한국문학번역원 이사장 등 역임.

저서
『한국근대시사』 1·2권
『한국현대시사』 상·하권
『해방기한국시문학사』
『북한문학사』 외.
제1한시집 『碧天集』
제2한시집 『松濤集』.

현재 서울대학교 명예교수
　　　학술원 회원

懷鄉詩鈔

2008년 10월 10일 1판 1쇄 인쇄
2008년 10월 20일 1판 1쇄 발행

지은이 • 김 용 직
펴낸이 • 한 봉 숙
펴낸곳 • 푸른사상사

등록 제2-2876호
서울시 중구 을지로3가 296-10 장양B/D 701호
대표전화 02) 2268-8706(7) 팩시밀리 02) 2268-8708
메일 prun21c@yahoo.co.kr / prun21c@hanmail.net
홈페이지 //www.prun21c.com

ⓒ 2008, 김용직
ISBN 978-89-5640-641-7-03810

값 15,000원

☞ 21세기 출판문화를 창조하는 푸른사상에서 좋은 책 만들기에 노력하고 있습니다.
저자와의 합의에 의해 인지 생략함.